100일이면 나도 **영어천재** ❶

100일이면 나도 영어천재 ❶

초 판 1쇄 2019년 02월 27일
초 판 7쇄 2023년 12월 05일

지은이 이정은
펴낸이 류종렬

펴낸곳 미다스북스
본부장 임종익
편집장 이다경
책임진행 김가영, 박유진, 윤가희, 이예나, 안채원, 김요섭, 임인영

등록 2001년 3월 21일 제2001-000040호
주소 서울시 마포구 양화로 133 서교타워 711호
전화 02) 322-7802~3
팩스 02) 6007-1845
블로그 http://blog.naver.com/midasbooks
전자주소 midasbooks@hanmail.net
페이스북 https://www.facebook.com/midasbooks425
인스타그램 https://www.instagram.com/midasbooks

© 이정은, 미다스북스 2019, *Printed in Korea*.

ISBN 978-89-6637-645-2 14740
ISBN 978-89-6637-644-5 14740(세트)

값 14,500원

※ 파본은 본사나 구입하신 서점에서 교환해드립니다.
※ 이 책에 실린 모든 콘텐츠는 미다스북스가 저작권자와의 계약에 따라 발행한 것이므로 인용하시거나 참고하실 경우 반드시 본사의 허락을 받으셔야 합니다.

미다스북스는 다음세대에게 필요한 지혜와 교양을 생각합니다.

100일이면 나도 영어 천재

① 영알못, 영어에 눈을 뜨는 5주의 기적편!

이정은 지음

미다스북스

갓주아쌤에 열광하는
독자들의 감동의 글

■ 세상엔 우연이란 없다지만 우연히 보고 팬이 되었어요. 수많은 영어교육 가운데서도 정말 독창적이고 귀에 쏙쏙 들어옵니다. 2년 지나면 환갑이라 그 전에 영어 울화통 좀 해소하고 싶었는데 갓주아쌤 강의는 정말 최고입니다. 하루하루 라디오 방송 디제이를 기다리는 듯합니다. 〈별이 빛나는 밤에〉를 능가하는 기대 빵빵입니다! – Le***

■ 이렇게 멋진 강의 선물을 만나다니! 주아쌤 강의는 영어공부에서 갓(god)을 만난 기분이에요. 영어 생활에서 진짜 눈을 뜨는 느낌입니다. – Yo***

■ 아무리 발음 연습을 해도 한계가 있었어요. 그런데 그게 '발음'의 문제 보다는 호흡과 발성에 원인이 있다는 것을 알게 되었어요. 갓주아님의 강의가 저의 영어의 한계를 극복할 수 있는 희망이 되었으면 좋겠습니다. – win***

■ 소리에 초점을 둔 강의들을 숱하게 접해왔지만 선생님 강의가 가장 귀에 딱 박히네요. 몸까지 쓰시면서 리듬 강조하는 열정. 어깨를 들썩이니 슬슬 랩하는 듯 리듬감이 느껴집니다. – 유***

■ 영어 듣기에 늘 좌절감을 느끼던 차에 주아쌤을 만나서 심봉사 눈 뜨듯 귀를 열고 있습니다. 혼을 담은 열정에 감사드립니다. 정말 신기하게 매일매일 청취능력이 개선되고 있음을 느낍니다. – ***린

■ 마치 그동안 수영을 책으로만 배운 것 같은 느낌입니다. 물 속에서 친절히 수영 개인 레슨해주시는 것처럼 영어를 가르쳐 주십니다. – 양***

■ 따라하면 분명히 달라질 수밖에 없는 분명한 이유와 연습이 정교하게 설계된 최고의 명강의라고 단언합니다. – ***Park

■ 작년 말부터 발음을 연습하고 싶어 여기저기 찾아보고 여러 강의를 들어보다 선생님 영상을 만나게 되었습니다. 눈물나게 최고입니다. 정확한 설명으로 이해하기 쉽고, 온몸으로 강의해주셔서 가장 와닿는 강의입니다. – ye***

■ 미국에서 갓주아님의 100일 프로젝트로 영어공부를 하고 있습니다. 현지에서 고쳐지지 않던 '발음과 강세'를 강의를 보며 고쳐 나가고 있습니다. – 김***니

■ 아버지께도 선생님 영상을 보여드리니까 자기 어렸을 때, 이런 선생님을 만났어야 했다고 정말 좋은 강의라고 말씀하셨네요. – Hye***

■ 리듬이 너무 재미있어요. 중고등학교에서 영어 배울 때 문법과 독해 대신 이렇게 리듬 배우고, 의미단위 블록을 쌓아가는 연습을 했더라면 지금 유창하게 영어를 말할 텐데 하는 진한 아쉬움이 남을 정도네요. – ***ang

■ 놀랍군요. 우연히 보고 무조건 따라와봤는데 전에 경험치 못했던 변화가 보이는 듯 합니다. 답답했던 안개가 걷히는 느낌이랄까요. – K***

■ 인생 영어 강이! 그동안 많은 영이 깅의를 듣고노 노력한 만큼 결과가 나오지 않아 좌절 중이었어요. 그러다 기적처럼 선생님을 만나 체계적이고 구체적이고 분명하게 가르쳐주셔서 듣기와 발음에 정말 도움이 되고 있어요. – 박***

■ 쌤의 액션이 너무 즐겁고 좋아요. 저도 모르게 쌤의 리듬을 따라하게 되거든요. 덕분에 열심히 씨를 뿌리고 있는 기분이 듭니다. – ***남

■ 매일 쉐도잉을 연습하면서도 어떻게 하면 호흡과 강세를 익힐 수 있을까 했는데… 선생님 강의가 정말 갑입니다! – 최***

Contents

* 5주 목표 플래너와 진도표 ... 011
* 100일 영어천재로 가는 기적의 소리튜닝 학습법 ... 012

Intro 영알못, 영어에 눈을 뜨는 5주의 기적 ... 016
Day0 영어 소리튜닝 비법 특강 ... 018

Week 1

Day1 What was that like? 어땠어요? ... 024
Day2 I'm gonna be 20 스무 살이 될 거예요 ... 030
Day3 Was it serious? 진지했나요? ... 038
Day4 I feel so bad! 미안해서 어쩌죠! ... 046
Day5 What's the matter? 무슨 문제 있어? ... 054
Day6 I am dying! 나 죽을 것 같아! ... 062
Day7 I can't help it 어쩔 수가 없어요 / 참을 수가 없네요 ... 070

1주차 Review / Special Class 1 마인드튜닝이 먼저입니다! ... 076

Week 2

Day8	**Believe it or not**	믿거나 말거나 / 믿기지 않겠지만	082
Day9	**I can handle that**	제가 감당할 수 있어요	088
Day10	**It's not fair at all**	이건 전혀 공평하지 않아	094
Day11	**That's what I wanna do**	저게 내가 하고 싶은 거야	100
Day12	**I will say**	그건 인정해요	106
Day13	**I keep asking myself**	저도 제 자신에게 계속 물어봐요	114
Day14	**Are you guys ready?**	준비됐니?	120

2주차 Review / Special Class 2   음소단위를 외우고 호흡 훈련하세요!   130

Week 3

Day15	**I know what you're saying**	네가 무슨 말하는지 알아	134
Day16	**This is what I heard**	이건 제가 들은 말이에요	140
Day17	**That was a lie**	그건 거짓말이었어요	148
Day18	**I just don't get it**	나는 그냥 이해가 안 돼	156
Day19	**That's annoying**	그게 짜증나요	164

| Day20 | I'm good at basketball | 저 농구 잘해요 | 172 |
| Day21 | I feel for you | 네 마음 이해해 | 178 |

3주차 Review / Special Class 3   귀에 꽂히는 영어를 하는 방법은?   186

Week 4

Day22	It's so classic	정말 최고죠	194
Day23	It's about time!	때가 됐죠!	200
Day24	I turned it down	제가 거절했죠	206
Day25	What's the big deal?	그게 뭐 대수야?	214
Day26	To be honest with you	솔직히 말하면	220
Day27	Take a chance!	모험 한 번 해보세요!	226
Day28	I was too afraid to do it	저는 그걸 하는 것이 너무 두려웠어요	234

4주차 Review / Special Class 4   영어표현이 자연스럽게 나오려면?   240

Week 5

Day29	**Take some risks!** 위험을 감수해라!	246
Day30	**Now it is your turn** 이제 여러분들 차례입니다	252
Day31	**Not really** 설마	260
Day32	**For some reason** 무슨 이유에서인지	268
Day33	**I don't ever give up** 나는 절대 포기하지 않아요	274
Day34	**Dreams cost nothing** 꿈꾸는 것에는 돈이 들지 않습니다	280
Day35	**Who is the messiest?** 누가 제일 지저분해요?	288

5주차 Review / Special Class 5   영어로 길게 술술 말하는 방법은?   294

* 영어에 눈을 뜨는 기적의 5주 중첩 실행노트   298

* 5주의 기적 1단계 수료증   301

나 _____은(는)

100일 소리튜닝 프로젝트를 통해

반드시 영어천재가 되어

_____할 것입니다.

5주 목표 플래너 – 영알못, 영어에 눈을 뜨는 기적!

여러분의 현재 실력은 어느 정도인가요? 또 매주 훈련이 끝날 때 여러분은 어디까지 발전하고 싶은가요? 현재 실력을 0~10이라고 가정하고 들리는 단계(**100: LISTENING 완성**), 말하는 단계(**100: SPEAKING 완성**)의 목표수치를 표시해봅시다!

LISTENING					
SPEAKING					
	1주차	2주차	3주차	4주차	5주차

매일 진도표에 학습 날짜와 함께 완수 정도(**10~100 : 조금~완벽**)를 표시하세요. 1주일씩 끝날 때마다 자신에게 보상을 주세요!

							보상
1주	___점 Day 1	___점 Day 2	___점 Day 3	___점 Day 4	___점 Day 5	___점 Day 6	___점 Day 7
2주	___점 Day 8	___점 Day 9	___점 Day 10	___점 Day 11	___점 Day 12	___점 Day 13	___점 Day 14
3주	___점 Day 15	___점 Day 16	___점 Day 17	___점 Day 18	___점 Day 19	___점 Day 20	___점 Day 21
4주	___점 Day 22	___점 Day 23	___점 Day 24	___점 Day 25	___점 Day 26	___점 Day 27	___점 Day 28
5주	___점 Day 29	___점 Day 30	___점 Day 31	___점 Day 32	___점 Day 33	___점 Day 34	___점 Day 35

100일 영어천재로 가는 기적의 소리튜닝 학습법

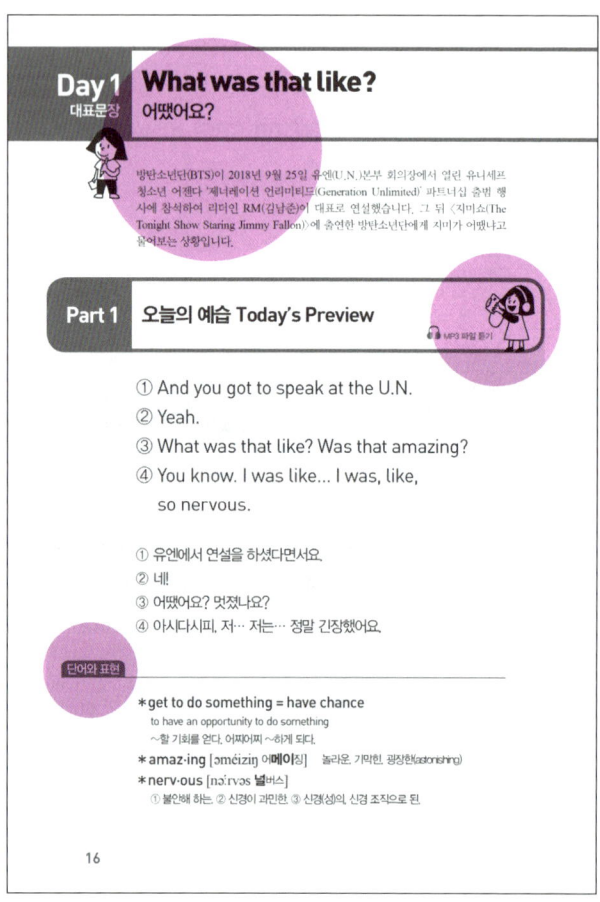

- **Day별 대표문장과 설명을 읽어보고 상황을 숙지하시기 바랍니다.**
- 이 책의 모든 영상 및 음원 자료는 네이버카페 '미라클영어스쿨' (https://cafe.naver.com/312edupot)에 게재되어 있으니 활용하시기 바랍니다.

MP3 파일 다운받기

• Part 1 오늘의 예습

소리튜닝 본 강의에 앞서 오늘의 문장을 확인하고 예습합니다. 위의 QR코드를 스캔하여 MP3 파일을 다운받아 들으며 반복해서 따라합니다. 하단의 단어 풀이를 참고하며 문장의 의미와 상황을 이해합니다.

① 원본 음성이 담긴 MP3 파일로 반복해서 듣습니다!
② 오늘의 문장에 담긴 주요 단어와 어휘를 꼭 기억합니다!

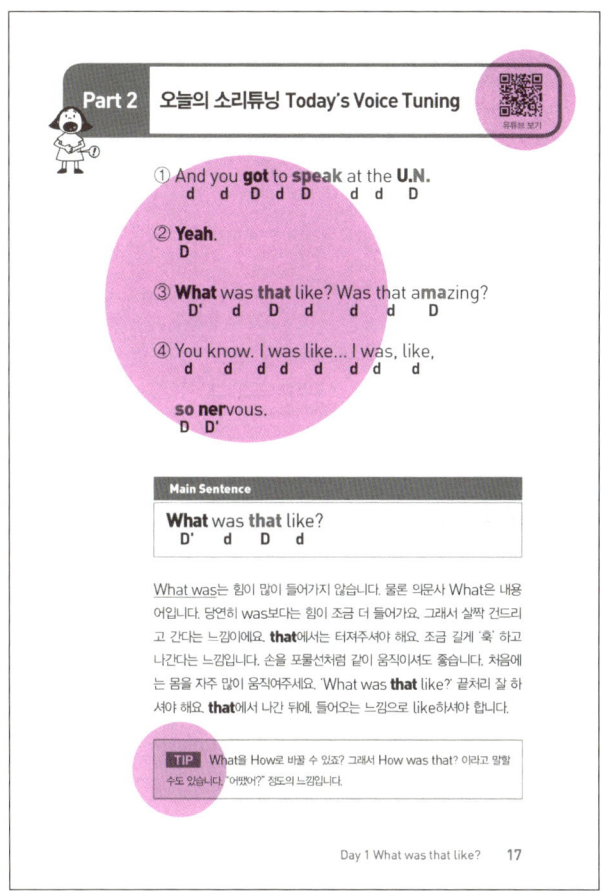

• **Part 2 오늘의 소리튜닝**

스마트폰으로 QR코드를 스캔하거나 유튜브에 〈갓주아TV〉를 검색해 동영상 강의를 들으며 본격적인 소리튜닝을 학습합니다. 대화에 등장하는 인물이나 갓주아쌤에 빙의해서 오늘의 문장을 호흡, 발성, 강세, 속도, 그리고 몸동작이나 감정까지 똑같이 따라합니다.

① QR코드를 스캔하여 〈갓주아TV〉의 동영상 강의를 무료로 마음껏 이용하세요!
② 다양한 장치로 소리튜닝에 최적화된 본문을 〈갓주아TV〉 강의로 완전히 숙지하세요!

    D/d 내용어/기능어   **굵은 글씨** 내용어 악센트
    D' 의도적으로 힘을 뺀 내용어   **별색 글씨** 특히 힘을 주는 악센트

③ 원어민이 자주 쓰는 표현, 영어의 소리 규칙 등 알짜배기 Tip도 절대 놓치지 말고 공부하세요!

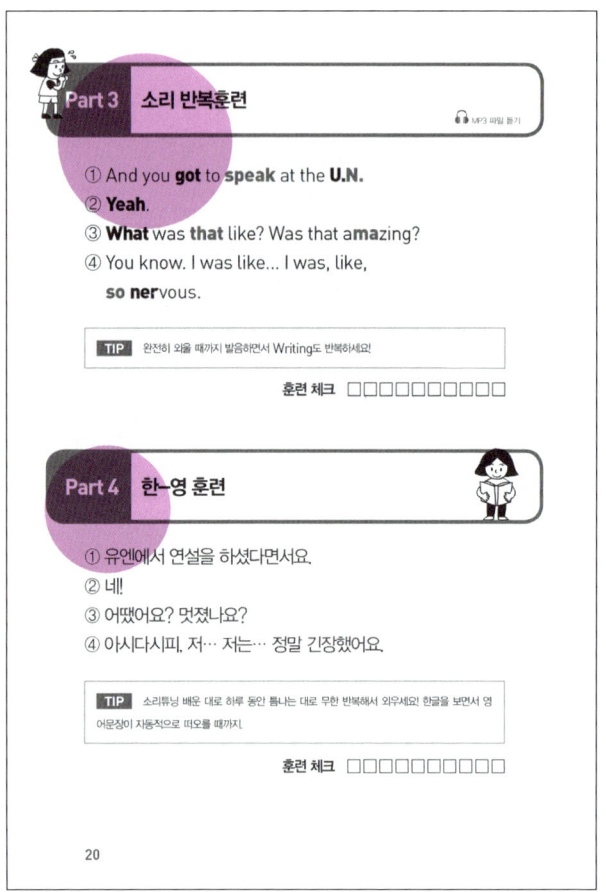

• Part 3 소리 반복훈련

Part1에서 사용했던 MP3 파일을 활용해 다시 들으며 정확한 소리로 훈련하는 단계입니다. 몸이 완전히 기억해서 입에서 자동적으로 나올 때까지 1일 최소 10회 이상 매일 매주 중첩하며 5주간 무한 반복합니다. 쓰면서 반복하면 더욱 좋습니다. writing도 좋아집니다.

• Part 4 한-영 훈련

한글만 보고도 영어 문장이 튀어나오게 만드는 단계입니다. '어땠어요?'라는 한국어 문장을 떠올리면 'What was that like?'라는 문장이 저절로 입에서 나올 수 있도록 반복훈련합니다.

- **한 번 실행할 때마다 체크 하나씩! 체크 박스를 채우며 꼼꼼하게 훈련하세요!**

> **Part 5** 표현 저널 쓰기 Expression journal
>
> get to
>
> ~하게 되다
> have an opportunity to do something
>
> 어쩌다가 뭔가 하게 된 뉘앙스를 표현할 수 있습니다.
>
> 1. I never get to see him now.
>   (이제 그를 볼 수 없게 됐어.)
> 2. I'd like to get to know you better.
>   (당신을 좀 더 알게 되길 바랍니다.)
> 3. I just got to know her.
>   (어쩌다 그녀를 알게 됐어.)
> 4.

• Part 5 표현 저널 쓰기

오늘 배운 영어 중 새로운 표현을 내 것으로 만들어보는 과정입니다. 제시된 예문과 함께 추가 조사하고 틈나는 대로 적어보고 연습합니다.

영어 문장 읽기에 익숙한 경우

① 구글(www.google.co.kr)
각종 영영 사전에서 검색한 단어가 정의하는 의미를 파악하고 예문을 읽어본다.
옵션에서 이미지를 선택하여 단어에 대한 이미지를 본다.

② Youglish(https://youglish.com)
검색한 단어가 포함되어 있는 유튜브 동영상을 볼 수 있다.

③ Quora(www.quora.com)
검색한 단어가 포함된 문장들을 볼 수 있다. 네이버 지식인과 비슷하다.
어플리케이션으로도 제공된다.

영어 문장 읽기에 익숙하지 않은 경우

① 각종 한영 사전에 나온 예문들을 찾는다
② 각종 사이트의 이용자들이 작성한 예문들을 본다

7일마다 다시 점검하고 확인하세요!

Special class 갓주아쌤이 알려주는 소리튜닝 꿀팁과 특강을 꼭 챙기세요!
Review 각 주차별로 중첩 복습은 영어천재로 가는 가장 확실한 길!

Intro 영알못, 영어에 눈을 뜨는 5주의 기적

Hello Everyone!
Welcome to My English Vocal Tuning Class!

왜 소리튜닝 100일 수업인가?

그동안 영어 소리튜닝을 어떻게 실전에 적용해야 될지 감이 오지 않는다는 질문을 많은 분들에게서 받았습니다. 영화나 미드로 소리튜닝을 시작하기엔 양이 많아 힘들어하는 분들도 자주 만났습니다.

그래서 너무 부담스럽지 않게 워밍업하듯 소리튜닝할 수 있는 100일 프로젝트를 기획했습니다. 하루에 4문장 정도씩 토크쇼나 스피치, 테드(TED) 연설 등에서 그리 어렵지 않은 대화나 익숙한 표현으로 골라 구성했습니다.

저는 특히 토크쇼 문장으로 영어 공부하는 것을 추천합니다. 왜 그럴까요? 영화나 미드는 어쨌든 이미 짜인 각본입니다. 살아 있는 영어라고 할 수는 없죠. 그에 비해 인터뷰나 토크쇼는 진행자(사회자)와 인터뷰이(Interviewee) 사이의 대화로 그때그때 생동하게 변화합니다. 좀 더 자연스럽고 살아 있는 영어라 할 수 있습니다.

100일 소리튜닝으로 리스닝, 스피킹 완전정복!

교재와 함께 MP3 파일과 동영상 강의를 반드시 활용하셔야 합니다. 특히 동영상 강의를 볼 때는 호흡, 발성, 동작, 감정까지 그야말로 모든 것을 복제한다는 생각으로 연습하세요. 그리고 자동으로 머릿속에서 문장이 튀어나올 때까지 꾸준히 훈련하셔야 합니다.

매일 1Day씩 훈련하시고, 7Day씩 중첩해서 복습하세요. 14Day가 되었을 때 또 누적 복습을 하시고, 그렇게 21Day, 28Day, 35Day 방식으로 철저한 누적 복습을 하시기 바랍니다.

그렇게 소리튜닝을 하시면 먼저 리스닝이 확 달라집니다. 소리의 기본을 파악하게 되기 때문입니다. '소리가 이렇게 나는구나.' 하고 깨닫게 되면 들을 때도 리듬을 타면서 듣게 됩니다.

당연히 스피킹도 좋아집니다. 소리가 좋아지면 영어에 자신감이 생깁니다. 영어에서 가장 중요한 것은 자신감입니다. 영어는 일단 입에서 내뱉을 줄 알아야 합니다. 소리가 좋으면 짧은 문장만 하더라도 주변에서 네이티브(Native) 같다는 소리를 듣습니다.

그때부터 자신감이 더 높아지고 이는 곧 실력향상으로 이어집니다. 소리튜닝은 그런 면에서 여러분에게 자신감을 불러일으키는 강력한 계기가 될 것입니다.

영알못, 영어에 눈을 뜨는 5주의 기적!

100일 소리튜닝 프로젝트를 철저히 완수한다면 어느덧 영어천재가 된 자신을 발견하게 될 것입니다! 자, 그럼 이제 영알못이 영어에 눈을 뜨고 영어천재로 발전해가는 기적을 몸소 체험하시길!

Day 0   영어 소리튜닝 비법 특강

- 복식호흡 / 복식악센트를 지킵니다
- 포물선으로 앞으로 터지는 소리를 냅니다
- 입이 옆으로 벌어지게 합니다
- 하관이 발달한 느낌으로 아랫니가 윗니보다 나오게 합니다
- 혀가 입천장 앞부분에 가능한 닿지 않게 합니다
- 입안의 동굴을 크게 만들어서 공명소리를 냅니다
- 강세와 효율을 기억하여 리듬을 탑니다

1. 한국어는 흉식호흡 vs. 영어는 복식호흡

한국어는 소리가 흉식(胸式)을 기반으로 위로 빠지는 반면, 영어는 뱃소리를 이용합니다. 잔기침할 때 정도의 배의 긴장감, 촛불을 아주 빠르게 '후' 불 때 배가 움직이는 정도라고 생각하면 됩니다.

2. 한국어는 일직선 vs. 영어는 포물선

영어는 힘을 준다고 해서 일직선으로 확 내리꽂는 듯한 느낌이 나지 않습니다. '후' 하고 뱉을 때 소리가 포물선의 느낌으로 아래로 떨어진다는 생각으로 발음하는 것입니다. 영어는 항상 curve up and down(곡선의 느낌으로 위에서 아래로) 소리가 납니다. 손을 이용해서 올라갔다 포물선의 느낌으로 훅! 던져주면서 영어 호흡하는 연습을 하면 좋습니다.

영어 문장은 농구공이 위아래로 끊임없이 튕겨지듯이 하면 끊임없이 할 수 있습니다. 농구공을 아래로 던지듯이 내용어에서 훅! 던져주고, 농구공이 반동으로 튀어 오르듯 내용어 다음에 나오는 기능어는 힘을 주지 않은 상태에서 던지고 돌아오는 힘에 소리를 처리합니다. 이런 식으로 소리를 내면, 실제로 훅! 던지는 것은 몇 번 안 되기 때문에 영어 문장이 길어도 힘들지 않고 끊이거나 꼬이지 않고 잘 할 수 있습니다.

3. 한국어는 입이 앞으로 vs. 영어는 입이 옆으로

한국어는 입을 많이 벌리지 않고 말하는 편입니다. 그래서 입 근육이나 턱 근육을 쓸 일이 많이 없습니다. 그에 비해 영어의 정확한 발음은 내 입 모양, 혀, 이빨, 턱 등의 조음 기관에 의해서 결정됩니다. 때문에 입모양은 매우 중요합니다.

영어의 입모양은 마치 미소를 짓듯이 일단 옆으로 입을 벌리고, 아랫니가 윗니보다 조금 앞으로 나온 상태로, 계속 입을 벌리면서 말하는 느낌입니다. 입을 오므리지 않고 계속 벌리면서 말합니다. 혀끝이 입 앞쪽에 가능한 닿지 않게 해줍니다. 이 상태에서 한국어로 '안녕하세요!' 하면 말이 새면서 미국에 오래 산 교포같은 한국어가 나옵니다.

4. 입안을 동굴로 만드세요

영어는 뱃소리를 이용해서 동굴소리가 난다고 합니다. 그런데 말할 때 입 안의 구조도 동굴소리를 만드는 데 한 몫을 합니다. 입 안의 공간을 동굴처럼 크게 만들기 위해서는 입천장이 위로 올라가든지, 혀가 아래로 내려가야 합니다. 입천장을 위로 올리는 건 힘들고, 그렇다면 혀 안쪽을 눌러서 아래로 내려야 합니다. 이 느낌은 비유하자면 공포영화 〈링〉에서

텔레비전 속의 귀신이 나올 때 '아….' 하는 소리를 낼 때처럼, 혀 안쪽을 누르는 느낌입니다.

5. 영어는 리듬입니다

강세 언어	
악센트 O	악센트 X
길고, 세고, 정확하게 발음	슈와처리 (최대한 얼굴, 입에 긴장을 풀고 멍청하게)
D 로 표기	d 로 표기
효율 언어	
중요한 단어만 제대로 들려주고 안 중요한 단어는 대충 들려준다!	
내용어	기능어
명사, 형용사, 부사, 동사, 부정어, 의문사, 지시사	관사, 전치사, 접속사, be동사, 조동사, to부정사
D 로 표기	d 로 표기

영어에서 리듬이 나오는 이유는 영어의 두 가지 특징 때문입니다. 영어는 **'강세 언어'**이고 **'효율 언어'**입니다. 우리가 원어민에게 단어를 말했는데 못 알아들었다면 이는 강세 문제인 경우가 대부분입니다. 그런데 만약 문장을 말했는데 못 알아듣는다면 이것은 '효율 영어'를 못 살려서 그런 것입니다.

강세 영어

영어 단어를 사전에서 찾아보면 보통 발음기호에 강세 표시(')가 있습니다. 영어의 강세는 'a, e, i, o, u'인 모음에 들어갑니다. 강세가 들어가지 않는 부분은 최대한 힘을 빼고 들릴 듯 말 듯 발음해주는 것입니다. 입도 거의 벌리지 않고 복화술하듯 최대한 멍한 표정으로 '어' 하는 소리지요.

이런 발음을 '슈와(schwa)' 발음이라고 합니다. 강세가 들어가는 부분은 반드시 길고, 세고, 정확하게 발음해줘야 합니다. 그래서 소리에 리듬이 생기는 것입니다.

효율 영어 – 내용어와 기능어, 중요한 것에만 힘을!

영어는 효율적으로 말하는 것을 좋아합니다. 즉, 중요한 단어는 세고 정확하게 소리 내고, 안 중요한 단어는 힘을 빼고 잘 들려주지 않습니다. 중요한 단어를 '내용어(content word)'라고 하고 중요하지 않은 단어를 '기능어(function word)'라고 합니다.

효율 영어를 살릴 때 가장 중요한 부분은 시간의 길이입니다. 내용어는 길게, 기능어는 거의 시간을 주지 않는다는 생각으로 해야 리듬이 삽니다. 내용어만 말했을 때와 기능어가 섞여 있을 때, 둘 모두 시간이 거의 같아야 합니다.

영어의 소리를 내는 데서 발성, 강세, 호흡, 리듬 같이 중요한 요소들을 따로따로 배우면 안 됩니다. 언어는 종합 예술입니다. 한 문장을 연습해도 이 모든 것을 한꺼번에 생각하면서 훈련해야 합니다. 영어는 공부가 아니라 수영이나 골프 같은 운동이기 때문입니다. 그렇기 때문에 소리 튜닝 이론을 몸으로 기억해놓아야 합니다. 그러면 아무리 시간이 지나도 리듬감 있고 자연스럽게 영어가 술술 나올 것입니다.

Day1	**What was that like?**	어땠어요?
Day2	**I'm gonna be 20**	스무 살이 될 거예요
Day3	**Was it serious?**	진지했나요?
Day4	**I feel so bad!**	미안해서 어쩌죠!
Day5	**What's the matter?**	무슨 문제 있어?
Day6	**I am dying!**	나 죽을 것 같아!
Day7	**I can't help it**	어쩔 수가 없어요 / 참을 수가 없네요

Review / Special Class 1   마인드튜닝이 먼저입니다!

Week 1

Day 1
—
Day 7

We become what we think about.
우리는 생각한 대로 된다.

Day 1 대표문장

What was that like?
어땠어요?

방탄소년단(BTS)이 2018년 9월 25일 유엔(U.N.)본부 회의장에서 열린 유니세프 청소년 어젠다 '제너레이션 언리미티드(Generation Unlimited)' 파트너십 출범 행사에 참석하여 리더인 RM(김남준)이 대표로 연설했습니다. 그 뒤 〈지미쇼(The Tonight Show Staring Jimmy Fallon)〉에 출연한 방탄소년단에게 지미가 어땠냐고 물어보는 상황입니다.

Part 1 오늘의 예습 Today's Preview

MP3 파일 듣기

① And you got to speak at the U.N.
② Yeah.
③ What was that like? Was that amazing?
④ You know. I was like… I was, like, so nervous.

① 유엔에서 연설을 하셨다면서요.
② 네.
③ 어땠어요? 멋졌나요?
④ 아시다시피, 저… 저는… 정말 긴장했어요.

단어와 표현

* **get to do something = have chance**
  to have an opportunity to do something
  ~할 기회를 얻다, 어찌어찌 ~하게 되다
* **amazing** [əméiziŋ 어**메이**징] 놀라운, 기막힌, 굉장한 (astonishing)
* **nervous** [nə́ːrvəs **널**버스]
  ① 불안해 하는 ② 신경이 과민한 ③ 신경(성)의, 신경 조직으로 된

Part 2 오늘의 소리튜닝 Today's Vocal Tuning

소리튜닝 Day1

① And you **got** to **speak** at the **U.N.**
   d   d   **D** d **D**   d d **D**

② **Yeah**
   D

③ **What** was **that** like? Was that a**ma**zing?
   D'   d **D**   d   d   d   **D**

④ You know. I was like… I was, like,
   d   d   d   d   d d

   so nervous.
   D **D'**

Main Sentence

What was **that** like?
D'   d   **D**   d

<u>What was</u>는 힘이 많이 들어가지 않습니다. 물론 의문사 What은 내용어입니다. 당연히 was보다는 힘이 조금 더 들어가요. 그래서 살짝 건드리고 간다는 느낌이에요. **that**에서는 터져주셔야 해요. 조금 길게 '훅' 하고 나간다는 느낌입니다. 손을 포물선처럼 같이 움직이셔도 좋습니다. 처음에는 몸을 자주 많이 움직여주세요. 'What was **that** like?' 끝처리 잘 하셔야 해요. **that**에서 나간 뒤에, 들어오는 느낌으로 like하셔야 합니다.

> **TIP** What을 How로 바꿀 수 있죠? 그래서 How was that? 이라고 말할 수도 있습니다. "어땠어?" 정도의 느낌입니다.

Day 1   What was that like?

① And you **got** to **speak** at the **U.N.**
　　d　d　**D**　d　**D**　　d　d　**D**

get to는 어떻게 하다 보니 기회를 얻었다는 뉘앙스를 가진 단어입니다. 여기서는 got to니까 발음할 때는 t가 하나 빠져요. 그래서 '가트 투' 이렇게 소리 내지 않고 'goto' 라는 느낌으로 '갓(투/터)' to는 강세가 들어가지 않아서 정확하게 투! 소리를 내지 않습니다. 최대한 힘을 주지 않고 투와 터 사이의 소리를 내는 것입니다. 중요한 건 연설했다는 사실입니다. 그러니 **speak**에서 확 터져주셔야 합니다.

speak를 발음할 때 s 다음에 나오는 p는 소리의 규칙으로 된소리가 나와야 합니다. 그래서 '스픽'이 아니고 '스**삑**'에 가깝습니다. 새는 소리 s 소리로 뱀이 지나가듯 하다가 **삑!** 하고 터져주는 것입니다.

소리규칙　약자 혹은 줄임말은 뒤에 힘이 들어간다

UN은 United Nations의 줄임말이에요. 줄임말 소리 규칙은 뒤에 힘이 들어가요. 그래서 '유엔'이 아니고 '유**엔**' 이렇게 소리 내줍니다.

ex) LA ⋯▶ L**A**
　　NY ⋯▶ N**Y**
　　TV ⋯▶ T**V**

---

② **Yeah**.
　　D

"야~" 이렇게 사람 부르는 소리 하시면 안 됩니다. 훅 내뱉는 느낌으로 발음하셔야 합니다.

③ **What** was **that** like? Was that a**ma**zing?
　　D'　d　**D**　d　　d　d　**D**

What was **that** like?은 대표문장에서 설명했습니다.
Was that a**ma**zing?(d d D). 그런데 'amazing' 에서 조금 더 세부적으로 들

어가봅시다. a**ma**zing에서 a는 강세가 없는 부분이죠. 그래서 d입니다. **ma** 이 부분은 D이지요. 그 다음 zing은 d. Was that a**ma**zing? 이 문장을 단어의 리듬까지 세세하게 표현하면 d d dDd 이런 리듬의 음이 되는 것입니다.

④ You know. I was like... I was, like, **so ner**vous.
    d   d   d   d   d   d   d   D D'

<u>I was like</u>는 '뭐라고 얘기했냐 하면', 이런 느낌입니다.

> **TIP** I was like.
>
> 이 문장은 대화체에서 많이 보셨을 거예요. 'like'가 말버릇처럼 많이 들어가기도 합니다. 특히 과거에 겪었던 자신의 경험 같은 걸 얘기할 때도 'like'를 많이 사용합니다.
> He was like. she was like. I was like. 이런 표현을 많이 씁니다.

<u>**so** nervous</u>. 부사 형용사에 각각 내용어라서 둘 다 힘 주는 것이 가능하네요. 둘 다 힘을 주면 완전 강조하는 느낌이죠. **so nervous**. 하셔도 돼요. 그렇게 되면 단어가 다 끊어지면서 강조하는 느낌이 납니다. 그런데, 편한 느낌으로 오버하지는 않으면서 강조하려면 연결에 신경쓰셔야 합니다. 그러려면 so에 힘을 주든지, nervous에 힘을 주든지 둘 중 하나를 결정하셔야 돼요. RM은 어디에 힘을 줬냐면 so에 힘을 줬어요. 그래서 어떻게 들렸죠? **so** nervous 이렇게 들린 겁니다.

이제 원영상을 다시 듣고 얼마나 잘 들리는지 보세요. 훨씬 더 잘 들리나요? 이제 shadowing을 하면서 계속 따라 하세요. 소리튜닝을 떠올리면서 shadowing하시고, 리듬을 생각하고 몸을 움직이면서 shadowing을 반복하시는 겁니다. 오늘의 문장을 보고 영상이나 음성파일을 들으면서 완전히 암기할 때까지 최소한 10번 이상 반복하셔야 합니다.

Part 3　소리 반복훈련

🎧 MP3 파일 듣기

① And you **got** to **speak** at the **U.N.**
② **Yeah**.
③ **What** was **that** like? Was that a**ma**zing?
④ You know. I was like… I was, like,
　so nervous.

> **TIP**　완전히 외울 때까지 발음하면서 Writing도 반복하세요!

훈련 체크　☐☐☐☐☐☐☐☐☐

Part 4　한-영 훈련

① 유엔에서 연설을 하셨다면서요.
② 네.
③ 어땠어요? 멋졌나요?
④ 아시다시피, 저… 저는… 정말 긴장했어요.

> **TIP**　소리튜닝 배운 대로 하루 동안 틈나는 대로 무한 반복해서 외우세요! 한글을 보면서 영어문장이 자동적으로 떠오를 때까지.

훈련 체크　☐☐☐☐☐☐☐☐☐

Part 5 표현 저널 쓰기 Expression journal

get to

~하게 되다
have an opportunity to do something

어쩌다가 뭔가 하게 된 뉘앙스를 표현할 수 있습니다.

1. I never get to see him now.
   (이제 그를 볼 수 없게 됐어.)
2. I'd like to get to know you better.
   (당신을 좀 더 알게 되길 바랍니다.)
3. I just got to know her.
   (어쩌다 그녀를 알게 됐어.)
4.

5.

Day 2 대표문장
I'm gonna be 20
스무 살이 될 거예요

2002~2006년까지 오프라 윈프리가 진행한 〈오프라 애프터 쇼(Oprah After the Show)〉는 방청객에게 질문을 받아 이야기를 나누는 쇼였습니다. 오프라 윈프리가 곧 20살이 되는 방청객에게 어떻게 살아야 할지에 관해 이야기를 해주는데, 그중 한 장면입니다.

Part 1 오늘의 예습 Today's Preview

MP3 파일 듣기

① How old are you?
② I'm gonna be 20.
③ You're gonna be 20?
④ Yeah.
⑤ You're not even 20?
⑥ No, not yet.

① 몇 살이죠?
② 스무 살이 될 거예요.
③ 스무 살이 된다고요?
④ 네.
⑤ 아직 스무 살도 안 됐어요?
⑥ 아직요.

단어와 표현

* **old** [oʊld 오울ㄷ]   ① 나이가 ~인   ② 늙은, 나이 많은   ③ 오래된, 낡은
* **even** ['iːvn 이~븐]   ① ~도, 조차   ② 훨씬   ③ 심지어 ~까지 하게
* **yet** [jet 이엣]   ① 아직   ② 이제(앞으로)

Part 2 오늘의 소리튜닝 Today's Vocal Tuning

소리튜닝 Day2

① How **old** are you?
   d   **D**   d   d

② I'm gonna be **20**.
   d d   d   d **D**

③ You're **go**nna be **20**?
   d   d   d   d **D**

④ **Yeah**.
    D

⑤ You're **not** even **20**?
   d   d **D**   d **D**

⑥ **No**, **not yet**.
   D **D** **D'**

Main Sentence

I'm gonna be **20**.
d   d   d **D**

<u>I'm gonna be</u>. 여기까지 모든 단어가 기능어입니다. 그러면 어떻게 들려요? d d d d 이런 느낌이죠? 힘을 주지 않아요. 굉장히 빠르게 할 수 있죠? 입술을 움직이지 않고 복화술을 하듯이, 말을 내뱉지 않고 머금고 하는 느낌입니다. 그 다음에 **20(twenty)**에서는 훅 터지면서 쏘는 느낌으로 발음하시면 됩니다.

> **TIP** gonna
>
> going to를 짧게 해서 gonna라고 많이 하죠. I'm gonna be 20. 유사한 표현으로는 I'm turning 20. 곧 20살로 바뀐다는 의미입니다.

① How **old** are you?
    d   **D**   d   d

<u>how **old**</u>. how는 의문사입니다. 그래서 내용어가 될 수 있는데, how old가 붙어서 how가 old를 끌어주는 느낌이 들죠? 그래서 **old**에 힘을 주어야 합니다. 그래서 how(d) **old**(D). 순간적으로 old에 힘이 들어가주어야 합니다.
다음은 <u>are(d) you(d)</u> 붙이면 됩니다.
이제 전체적인 소리튜닝은 d D d d가 됩니다. 농구공 튀기듯이 리듬을 생각하며 How(d) **old**(D) are(d) you(d)를 발음연습하시는 겁니다.

> **TIP** '하우올드아유'가 아니라 '하우올드아유'
>
> 하우 올드 아 유, 이렇게 단어 모두 힘을 주고 읽으면 네 호흡이 돼 너무 힘듭니다. 그런데 이것을 한 호흡에 끝내면 더 빨리 말할 수 있고, 내 입도 편해집니다. 그리고 힘을 다 주는 게 아니고, **old**에만 주니까 입이 꼬일 리가 없고 하나도 힘이 들지 않습니다. '하우올드아유'가 아니라 '하우**올드**아유'와 같은 느낌으로 소리를 내는 것입니다. **old**할 때 고개를 앞으로 훅~ 떨구면서 발음하면 던지는 느낌이 훨씬 더 잘 날 것입니다.

② I'm gonna be **20**.
   d d   d   d **D**

다음으로 오늘의 대표문장이 나옵니다. 리듬을 타면서 소리튜닝 원리에 따라 d d d D(훅) 하고 갑자기 토하는 느낌으로 발음하시면 됩니다.

twenty가 귀에 꽂히게 들리면 됩니다. 그러면 의미파악이 다 되는 겁니다. 이것이 바로 효율영어입니다. 가장 중요한 핵심은 **twenty**가 잘 들리면 된다는 점입니다.

③ You're **go**nna be **20**?
   d   d   d   d D

gonna be가 또 나오죠? 원래는 모두 기능어입니다. 그래서 다 힘을 주지 않죠. 그런데 오프라는 **go**nna에 힘을 줬어요. 기본적으로 소리의 규칙은 있지만 사람의 말입니다. 화자의 마음에 따라 힘을 주는 부분이 바뀔 수 있습니다. 오프라는 스무 살이 '**된다고**'라는 부분을 강조하고 싶었던 거죠.

> **TIP** 기능어는 소리를 크게 내지 않는다!
>
> 기능어에 힘이 많이 들어가는 사람들이 있어요. 눈에 보이는데 왜 말을 안 해줘? 이럴 수 있거든요. 하지만 그런 마인드에서 벗어나셔야 합니다. 자신의 고정관념을 깨셔야 됩니다. '눈에 보이지만 소리를 주지 않는다, 소리를 너무 크게 내지 않는다, 입을 너무 크게 벌리지 않는다, 긴장시키지 않는다'는 게 중요해요. 이게 안 될 것 같으면 이렇게 한 번 해보세요. (입 모양을 움직이지 않고 성의 없이) "안녕하세요." 그리고 같은 느낌으로 기능어로 처리해보세요!

④ **Yeah**.
    D

훅 해서 **Yeah**. 소리를 위에서 아래로 포물선 그리면서 던져줍니다. "예." 하고 일자로 소리 내면 한국어가 됩니다.

⑤ You're **not** even **20**?
   d d D   d   D

그랬더니, "너 아직 스무 살도 아니야?" 그렇게 얘기하는 느낌이죠. d d D d D 이 리듬으로 소리를 냅니다. **not** 다음에 e 모음이 왔죠. 그래서 끊지 않고 연음 처리해 줍니다. 몸동작은 계속 살리면서 하셔야 합니다. 리듬을 살리고 표현을 자신 있게 발음을 크게 하세요. 영어는 자신감입니다. 조금 부족하다 싶어도 동작도 따라 하고, 발음도 더 큰 소리로 하세요! 자신감이 더 생기고 당연히 실력도 좋아집니다.

⑥ **No**, **not yet**.
    D   D   D'

No. 이것도 마찬가지로 포물선을 그리듯이 '**노우**' 하셔야 합니다. 여기서 o의 소리는 '오'가 아니라 '**오우**'입니다.

not yet. 꼭 기억해두셔야 하는 소리입니다. t 뒤에 자음이 오면 그 소리의 호흡을 순간 끊습니다. '**t 다음에 자음이 오면 끊어진다.**' **not** 다음에 온 y가 자음이잖아요? 그럼 끊으셔야 합니다. **not** yet을 연음 처리하시면 안 됩니다. 호흡을 끊는다는 느낌으로 합니다. 이걸 연음 처리하면 한국어로 '낫엣', 이렇게 소리가 납니다. 하지만 굳이 한국어로 쓰자면 '낫엣'하는 느낌으로 하되 '낫'하고 호흡을 살짝 끊어주시는 겁니다.

소리규칙

t로 끝나고 자음으로 시작하는 경우 t 다음의 자음은 소리를 끊어버린다

호흡이 끊어지는 느낌을 살려줘야 합니다.

  ex) Not really   [난뤼얼리] → [낫뤼얼리]
      Not sure   [난슈어] → [낫슈어]

자, 이제 소리튜닝 반복훈련을 시작해볼까요?

Part 3 소리 반복훈련

🎧 MP3 파일 듣기

① How **old** are you?
② I'm gonna be **20**.
③ You're **go**nna be **20**?
④ **Yeah**.
⑤ You're **not** even **20**?
⑥ **No**, **not yet**.

훈련 체크 ☐☐☐☐☐☐☐☐☐☐

Part 4 한-영 훈련

① 몇 살이죠?
② 스무 살이 될 거예요.
③ 스무 살이 된다고요?
④ 네.
⑤ 아직 스무 살도 안 됐어요?
⑥ 아직요.

훈련 체크 ☐☐☐☐☐☐☐☐☐☐

Part 5 표현 저널 쓰기 Expression Journal

gonna be

~될 것이다

> gonna는 going to의 줄임말입니다. 보통은 gonna로 발음해줍니다.

1. I'm really gonna be in trouble with my parents.
   (나는 정말 우리 부모님이랑 문제가 생길 것 같아.)
2. Are we all gonna be dead?
   (우리는 모두 죽을까요?)
3. It's gonna be alright!
   (괜찮을 거야!)
4.

5.

소리튜닝을 하면
뭐가 달라지나요?

'소리튜닝'을 하면 가장 먼저 영어 소리가 슬로 모션으로 다 귀에 꽂힙니다. 그 전에 뭉개져서 안 들렸던 소리까지 들리게 됩니다. 왜냐하면 영어는 운동과 같은 원리이기 때문입니다.

프로 야구 선수는 시속 100km가 넘는 야구공을 어떻게 치는 걸까요? 야구 선수들은 훈련을 많이 하면 할수록 점점 야구공이 슬로 모션으로 보인다고 합니다. 그래서 실력이 좋은 타자일수록 절대 시속과는 상관없이 공이 슬로 모션으로 처리되어 공을 잘 칠 수 있습니다.

영어도 마찬가지입니다. '영어 소리튜닝' 훈련을 많이 하면 할수록 모든 소리가 귀에 다 꽂혀서 들립니다.

Day 3 대표문장 | Was it serious?
진지했나요?

2009년 10월 14일에 방영된 〈오프라 윈프리 쇼(The Oprah Winfrey Show)〉에 배우이자 가수인 테일러 스위프트가 출연했습니다. 오프라가 테일러에게 첫 연애에 대해 물어보고 있는 장면입니다.

Part 1 오늘의 예습 Today's Preview

MP3 파일 듣기

① I was about 15 when I had my first boyfriend.
② Was it serious?
③ Yeah, we were together for a year.
④ Okay, like kissing and stuff.
⑤ Yeah.

① 제가 첫 남자친구를 만났을 때가 15살이었어요.
② 진지했나요?
③ 네, 1년 정도 만났어요.
④ 그럼, 키스나 이것저것 해봤겠네요?
⑤ 네.

단어와 표현

* serious [ˈsɪr- ㅅ씨뤼어ㅅ] ① 심각한 ② 진지한 ③ 만만찮은
* stuff [stʌf 스떱] ① 것, 것들, 물건, 물질 ② 일, 것 ③ 재료, 원료

Part 2 오늘의 소리튜닝 Today's Vocal Tuning

① I was about 15
   d d   d   D

   when I **had** my **first boy**friend.
     d   d D   d D' D

② Was it **se**rious?
   d   d D

③ **Yeah**, we were to**ge**ther for a **year**.
   D   d   d   D   d d D

④ O**kay**, like **ki**ssing and stuff.
   D   d   D   d   d

⑤ **Yeah**.
   D

Main Sentence

Was it **se**rious?
d d D

---

was it은 기능어입니다. d d, 이런 리듬이지요? 그 다음에 **se**rious라는 단어에는 강세를 먼저 하고 들어가야 합니다. 그런데 여기서 **se**rious는 한 호흡에 끝내는 게 포인트입니다. 강세가 앞에 있습니다. 그리고 s 소리는 새는 소리를 내면서 Ddd 리듬으로 강세 부분을 정확하고 길게 휙! 하는 느낌으로 '**se**rious' 발음을 뱉습니다.

① I was about **15** when I **had** my **first boy**friend.
   d d   d   D   d d D   d D' D

I was about **15**. 여기까지 의미단위입니다. 문장이 길어질 때는 항상 먼저 의미단위로 나누어 연습하는 것이 좋습니다. 여기서 I was about은 기능어 부분입니다. 입에 긴장이나 무게감을 두지 않고 복화술하듯이 발음하는 것입니다. I was about. 그리고 내용어 **15(fifteen)**이 나갑니다. I was about은 머금고 발음하다가 **15(fifteen)**에서 쏴주는 것입니다.

I was about fifteen, 이렇게 모두 다 또박또박 발음하려고 하면 발음이 꼬이게 됩니다. **fifteen**만 잘 들리게 하면 되는 것입니다.

> **TIP**   fifty와 fifteen 구분
>
> fifty와 fifteen이 헷갈릴 수 있습니다. 숫자가 민감한 분야에서는 이런 걸 정말 잘 처리해야 합니다. 이게 fifty인지 fifteen인지 확실하게 구분할 수 있는 방법 중에 정말 좋은 것은 바로 '강세'입니다. 50을 뜻하는 fifty는 앞에 힘이 들어갑니다. **fif**ty. 이와 달리 15를 표현하는 fif**teen**은 뒤에 힘이 들어갑니다. 힘을 어디에 주느냐에 따라서 강세를 온전히 살릴 수도 있고, 죽일 수도 있는 것이죠!

다음으로 when I **had**까지 해볼까요? **had**는 내용어입니다. 훅! 하고 소리내셔야 합니다.

first **boy**friend. 형용사 명사니까 둘 다 내용어입니다. 그래서 기본적으로 둘 다 힘을 줄 수 있습니다. **boy**friend 는 boy + friend의 복합명사입니다! 그래서 **boy**에 훅! 하고 힘이 들어갑니다.

first **boy**friend는 형용사 + 명사라서 first에 힘이 들어갈 수도 있고, **boy**friend에 힘이 들어갈 수도 있습니다. 어디에 힘을 줄지는 화자가 결정합니다. 테일러는 boy에 힘을 주었습니다.

문장이 길 때는 의미단위로 연습하는 겁니다. 또한 의미단위를 연습했으면 의미단위끼리 연결하도록 연습해야 합니다. 그러면 어떻게 되죠?

I was about **15** when I **had** my first **boy**friend.

② Was it **se**rious?
　　d　d　D

이제 대표문장입니다. '진지했나요?'

③ **Yeah**, we were to**ge**ther for a **year**.
　　D　　d　　d　　D　　　d d D

Yeah. 훅! 하듯이 발음하셔야 합니다.
we were to**ge**ther. **we were** 이렇게 발음하지 않고요. d d. 복화술하듯이 we were를 기능어 처리해주고, to**ge**ther에서 훅 뱉어줍니다. to**ge**ther 단어의 리듬은 d D d 입니다. 세분화하면 we(d) were(d) to**ge**ther(dDd). 이렇게 리듬 연습을 하시면 좋습니다.

음소단위　강세가 없는 th[ð]

to**ge**ther. 여기서 th는 돼지꼬리 [ð]소리예요. th는 보통 혀가 살짝 이 사이로 나오는 모양의 소리입니다. 하지만 강세가 들어가지 않는 [ð]는 혀를 윗니 뒤쪽에 위치시키고 빠르게 처리하기도 합니다.

---

for a **year**(d d D). year에 훅! 뱉어주셔야 합니다.
year 할 때 y의 음소단위를 주의하셔야 합니다! 'year' vs. 'ear' 두 단어를 'y'소리를 제대로 하지 않으면 헷갈립니다.

음소단위　y

y는 혀끝이 아랫니의 안쪽에 닿은 다음에 혀끝에 힘을 주고 '이'하고 발음하는 겁니다. year, 순간적으로 힘을 확 주셔야 됩니다. 혀에 힘을 딱 주고, year[**이**얼], yogurt[**이**요걸트], yellow[**이**엘로우]. 물론, 강세가 없는 y는 이렇게까지 공들여서 발음하지 않습니다.

④ O**kay**, like **ki**ssing and stuff.
   D   d **D**   d   d

okay와 **ki**ssing에서 k라는 음소단위가 나왔습니다.

음소단위   k

k 음소단위는 보통 k와 c 철자의 소리입니다. 연구개(입천장의 말캉한 부분)와 혀의 안쪽을 서로 만나게 합니다. 무슨 느낌인지 모르겠다면 한국어로 '응' 해보세요. 닿는 부분이 있습니다. 혀의 안쪽과 연구개입니다. 그렇게 닿은 상태에서 두 부분이 서로 스크래치 내듯 긁는 소리를 내줍니다.

---

⑤ Yeah.
   D

자, 이제 몸으로 암기하는 소리튜닝 반복훈련을 시작해볼까요?

Part 3 소리 반복훈련

 MP3 파일 듣기

① I was about **15** when I **had** my **first boy**friend.
② Was it **se**rious?
③ **Yeah**, we were to**ge**ther for a **year**.
④ Okay, like **ki**ssing and stuff.
⑤ Yeah.

> **TIP** 완전히 외울 때까지 발음하면서 Writing도 반복하세요!

훈련 체크 ☐☐☐☐☐☐☐☐☐

Part 4 한-영 훈련

① 제가 첫 남자친구를 만났을 때가 15살이었어요.
② 진지했나요?
③ 네, 1년 정도 만났어요.
④ 그럼, 키스나 이것저것 해봤겠네요?
⑤ 네.

> **TIP** 소리튜닝 배운 대로 하루 동안 틈나는 대로 무한 반복해서 외우세요! 한글을 보면서 영어 문장이 자동적으로 떠오를 때까지.

훈련 체크 ☐☐☐☐☐☐☐☐☐

Part 5   표현 저널 쓰기 Experssion Journal

serious

심각한 / 진지한

> serious는 '심각한'이라는 뜻이 있고요. '진지한' 이런 뜻도 있죠. 농담이 아닌 거죠. 진지할 때 씁니다. "나, 진지해." "나 진지하거든!" 이런 말을 할 때 쓰는 표현이에요. 나 진지하거든, 건들지 마. 너 웃지 마. I'm serious. Stop laughing. 병이 심각해요. serious illness. 이렇게 쓸 수도 있죠.

1. Are you serious?
  (진심이야?)

2. A: You can't be serious.
  (설마 진심 아니지?/ 말도 안돼.)

  B: I mean it.
  (진심이야.)

3. Do not laugh! I am serious!
  (웃지마! 나 진지해!)

4.

5.

**영어 진짜 잘할 수 있을까요?
무서워요.**

영어에 대한 부정적인 이미지를 없애고 영어 자체를 즐기게 해드리겠습니다. 지금까지 영어를 소리로 배우지 못하고 학문으로 접했던 경험이 영어에 대한 부정적 이미지를 만들었을 것입니다. 학교 다닐 때 영어 과목을 못했으니까, 시험은 잘 봐도 말하는 영어는 무서워서.

영어는 춤을 추는 것처럼 재미있을 수 있다는 생각으로 바꿔드리겠습니다. 몸을 흔들흔들 하는 가운데 영어로 말하는 게 더 쉬워지고 듣는 게 더 편해질 것입니다. 일단 쭉 따라와보세요!

Day 4 대표문장

I feel so bad!
미안해서 어쩌죠!

2017년 3월 7일, ABC 〈지미 키멜 라이브(Jimmy Kimmel Live)〉에 '해리포터 시리즈'의 '헤르미온느' 역으로 열연한 배우 엠마 왓슨이 출연했습니다. 촬영 초반, 너무 잘하고 싶은 마음에 상대 대사까지 다 외웠는데, 상대가 대사할 때 입모양을 계속 따라 해서 NG를 냈다고 하네요!

Part 1 오늘의 예습 Today's Preview

 MP3 파일 듣기

① You're mouthing... You're mouthing Dan's lines.
② And I'd be like, "Ooh, I'm so sorry."
③ "So sorry. Oh, I feel so bad."
④ But like, I couldn't help myself.

① 너 입으로 따라 하잖아… 입 모양으로 댄의 대사를 하고 있잖아.
② 그럼 저는 "아, 진짜 죄송합니다."
③ "정말 죄송해요. 죄송해서 어쩌죠!"
④ 그런데 정말 어쩔 수가 없었어요.

단어와 표현

* **mouth**
  명사: ① 입 ② 입구, 주둥이 ③ 말버릇 [mauθ **마우쓰**]
  동사: 입 모양으로만 말하다 [mauð **마우드**]
* **line** [laɪn **라인**] ① 선, 줄 ② 경계, 구분 ③ 대사, 가사, 시구
* **myself** [maɪˈself **마이셀프**]
  ① 자신(화자가 행동의 대상이기도 할 경우, 해석되지 않기도 함)
  ② 화자가 무엇을 직접 함을 강조하는 경우

Part 2 오늘의 소리튜닝 Today's Vocal Tuning

소리튜닝 Day4

① You're **mou**thing...
   d d **D**

You're **mou**thing **Dan**'s **lines**.
  d d **D**   **D** d **D**

② And I'd be like, "**Ooh**, I'm **so so**rry.
   d dd d   d   **D**   d **D'** **D**

③ **So so**rry. Oh, I **feel so bad**."
   D D'   d d **D** **D' D**

④ But like, I **couldn't help** myself.
   d   d   d   **D'**   **D**   d

Main Sentence

I **feel so bad**.
d **D** **D' D**

I **feel**. 여기서 터져야 되는 부분은 **feel**입니다. 이것부터 먼저 연습하셔야 합니다. f 소리는 뭔가 터진다는 느낌으로 발음하셔야 합니다. 윗니로 아랫입술을 살짝 물었다가 떼면서 뭐가 '뻑'하고 터지는 느낌으로 해주세요.

so bad에서 so는 부사이고 bad는 형용사라서 둘 다 내용어죠. 기본적으로 힘이 들어갈 수 있어요. 내용어 둘 다 힘을 줄 수는 없고, 하나만 힘 준다 하면 so도 괜찮고, bad도 괜찮죠. 화자가 결정하는 것입니다.
bad의 a는 apple할 때 a처럼 입을 아래 위로 턱이 약간 부담스러울 정도로 벌립니다. 입을 양옆으로만 살짝 벌려서 발음하면 bed(침대)가 됩니다. so bad에서 so에 힘을 주면 D d 리듬이고요. bad에다 힘 주면, d D입니다. 둘 다 괜찮습니다.

① You're **mou**thing…
 d   d   D

You're **mou**thing **Dan**'s **li**nes.
 d   d   D   D   d D

감독이 이렇게 얘기했다고 엠마가 전하는 것입니다.

Cut, Emma, cut. <u>You're **mou**thinig</u>. 엠마 왓슨이 처음에 너무 열정이 넘쳐서 다른 사람의 대사까지 다 외운 것입니다. 외운 것까지 좋은데 그 사람이 대사를 할 때 입모양으로 하고 있었던 게 문제이지요. 'You're **mou**thing. 너는 입모양으로 말하고 있구나.' 여기서는 **mou**thing에서만, 거기서도 **mou** 여기에서만 발성이 터지고 thing은 입모양만 하는 것입니다.

> **TIP** mouth
>
> mouth에서 th가 번데기 소리[θ] 무성음일 때는 입이라는 명사입니다. 반면에 입모양은 똑같은데 유성음을 내면, 돼지꼬리 소리[ð] 를 내면 동사로서 '입모양을 하다'라는 뜻이 됩니다.

Dan's **li**nes. **li**nes. 이걸 1음절이라고 생각하고 강세를 안 줘서 '라인' 이렇게 또 박또박 발음하면 한국어가 됩니다. 이것도 한 호흡에 훅 하고 던지듯이 발음해야 합니다. 한 호흡에 끝내는 것이 중요합니다. '라-인' 두 호흡이 아니라, '훅' 한 호흡에 처리해주어야 합니다.

지금 앞에서 엠마 왓슨이 연기하고 있는데 자신이 감독이라고 생각하고 그 감정으로 발음해보시는 겁니다. '아, 왜 저러는 거야, 쟤가.' 약간 짜증나는 표정으로.

Cut Emma, You're **mou**thing. You're **mou**thing **Dan**'s **li**nes.

② And I'd be like, "**Ooh**, I'm **so so**rry.
   d dd d   d   D   d D' D

그리고 엠마가 다시 말합니다.

<u>And I'd be like</u>. 앞에서 제가 like에 대해 설명해드렸습니다. 그 like의 용법입니다. I'd be like(I would be like). 이 문장에서 힘이 들어가는 부분은 하나도 없습니다. 그냥 입을 머금듯이 발음하면 됩니다. I'd be like. 이런 느낌으로. '제가 그때 뭐라고 얘기했냐면요.'

<u>Ooh</u>. 여기서도 훅 나갔다고 들어와야 합니다. '외우!' 이렇게 둘 다 힘을 줘서 또박또박 소리내면 안 됩니다. 영어가 아니라 한국어가 되어버립니다.

<u>I'm so **so**rry</u>. sorry 발음 중에서 악센트인 **so**에서 훅! 던지듯이 소리를 내는 것입니다! 자, 이제는 전체 리듬인 d d D' D로 소리 훈련하고 영어를 대입해보세요. 물론 so에다 힘을 줄 수도 있어요. I'm **so** sorry. 할 수도 있는데 엠마는 **so**rry에 더 힘을 주었습니다.

③ **So so**rry. Oh, I **feel so bad**."
   D D'   d d D   D' D

<u>So sorry.</u> ②번과 같은 문장입니다. 그런데 이번엔 엠마가 **So**에 더 힘을 주었어요! 이렇게 유연하게 바꾸는 것도 충분히 가능합니다.

I **feel** so **bad**(dDD'D). 리듬으로 몸을 앞뒤로 왔다 갔다 하면서 소리를 내보세요. 이런 느낌으로 리듬을 타면서 발음을 하시면 좋습니다. 같은 내용어라도 feel과 bad에 똑같은 강도로 나가면 어색하고 조금 힘이 듭니다. feel과 bad 가운데서 어느 것에 더 힘을 줄 것인지 결정해야 합니다. 엠마는 **bad**에 훅! 하고 힘을 더 주었습니다. 터지는 느낌으로 발음하셔야 합니다.

④ But like, I **couldn't help** myself.
   d   d   d   D'   D   d

다음은 But like. 그런데요 어떤 느낌이었냐면요, 다시 한 번 따옴표 하고 얘기합니다.

I couldn't **help** myself. 이 문장에서 내용어는 couldn't와 help입니다. 어디에 힘을 줄지는 역시 화자가 결정하는 것입니다. 엠마는 **help**에 힘을 더 주었어요. 어쩔 수 없었다는 표정으로 '**help**'에서 훅! 하고 소리를 뱉어주시면 됩니다!

> **TIP**   I couldn't help myself
>
> '나는 어떻게 할 수가 없었어.'라는 뜻입니다. 나는 어쩔 수가 없었어. 이런 표현 평상시에 진짜 많이 쓰게 됩니다.
>
> '나는 어쩔 수가 없었어. 세일하는 물건이 보이는데 99,900원 하길래 진짜 안 살 수가 없었어! 정말 어쩔 수가 없었어!'
>
> 자신의 충동을 이기지 못한 것에 대해 변명할 때 쓰는 표현입니다. 나는 정말 내 자신을 하지 말라고 도와줄 수가 없었어. 글자 그대로 직역하면 이런 뜻입니다.
>
> '정말 어쩔 수가 없었어!'

자, 이제 소리튜닝 반복훈련을 시작해볼까요?

Part 3 소리 반복훈련

 MP3 파일 듣기

① You're **mou**thing… You're **mou**thing **Dan**'s **li**nes.
② And I'd be like, "**Ooh**, I'm **so so**rry."
③ "**So so**rry. Oh, I **feel so bad**."
④ But like, I **couldn't help** myself.

> **TIP** 완전히 외울 때까지 발음하면서 Writing도 반복하세요!

훈련 체크 ☐☐☐☐☐☐☐☐☐☐

Part 4 한-영 훈련

① 너 입으로 따라 하잖아…
  입 모양으로 댄의 대사를 하고 있잖아.
② 그럼 저는 "아, 진짜 죄송합니다."
③ "정말 죄송해요. 죄송해서 어쩌죠!"
④ 그런데 정말 어쩔 수가 없었어요.

> **TIP** 소리튜닝 배운 대로 하루 동안 틈나는 대로 무한 반복해서 외우세요! 한글을 보면서 영어 문장이 자동적으로 떠오를 때까지.

훈련 체크 ☐☐☐☐☐☐☐☐☐☐

Part 5 표현 저널 쓰기 Expression Journal

feel bad

미안해 죽겠어, 정말 안타깝다

> 미안함이나 동정심을 표현할 때 쓰입니다. I feel so bad는 말 그대로 기분 좋은 느낌은 아니죠. 'so bad'는 그래서 보통 두 가지 뉘앙스로 많이 씁니다. 첫째, 미안함(죄책감)입니다. 미안했다, 미안해 죽겠어요, 너무 죄스럽네요. 둘째, 안타까운 표현으로도 쓸 수 있습니다. 나는 네가 너무 안타까워, 너 참 안타깝다 얘.

1. I feel so bad for you.
   (네가 참 안타까워.)

2. A: Do you feel bad for her?
   (그녀에게 안타까운 감정이 있나요?)

   B: Nope I don't. Not one bit.
   (아니요! 조금도요!)

3. I felt bad about not going to your party.
   (파티에 못 가서 미안해.)

4. I feel bad for people who never go crazy.
   (나는 뭔가에 미치지 않는 사람들이 안타깝다.)

5.

선생님 왜 저는 지금도 이렇게 안 되죠?

"선생님 저는 지금도 왜 이렇게 안 되죠?" 이렇게 생각할 수 있어요. 그런데 지금 며칠이나 했다고요. 4일밖에 안 했습니다. 시간은 더 필요합니다.

It takes time. It really takes time.

조금 해보고 '영어는 내 길이 아닌가보다!' 하고 포기를 하시는데, 영어 말하기와 듣기가 편해지는 시점은 다 다릅니다. 그러니 좌절할 필요는 없습니다.

'시간이 좀 걸리겠구나, 하지만 할 수 있어!'
이런 정신으로 쭉 해나가시면 됩니다.

Day 5 대표문장 What's the matter?
무슨 문제 있어?

2012년 3월 20일, 코난 오브라이언이 진행하는 TBS 〈코난 쇼(CONAN)〉에 동물 전문가 데이빗 미제쥬스키가 출연했습니다. 아기 불곰이 손님으로 나오네요.

Part 1 오늘의 예습 Today's Preview

① You okay, pal?
② What's the matter? What's the matter?
③ No, you don't like this show, do you?
④ Yeah, you're not her mommy.
⑤ Oh, she wants to be with her mommy right now?

① 괜찮니, 친구?
② 무슨 문제 있어?
③ 아, 너 이 쇼를 좋아하지 않는구나. 그렇지?
④ 당신이 곰 엄마가 아니라서 그래요.
⑤ 아, 지금 엄마 곰이랑 같이 있고 싶어 하는군요.

단어와 표현

* **pal** [pæl] 팰   ① 친구 ② 이봐
* **matter** [ˈmætə(r)] 매럴
    ① (해결해야 할) 문제, 일, 사안 ② 상황, 사태 ③ 물질

Part 2 오늘의 소리튜닝 Today's Vocal Tuning

소리튜닝 Day5

① You o**kay**, **pal**?
     d   **D**   **D**

② **What**'s the **ma**tter? **What**'s the **ma**tter?
   D' d d   **D**   **D'** d d   **D**

③ **No**, you **don't like** this **show**, **do** you?
   D   d   **D**   **D'** d   **D**   d d

④ Yeah, you're **not** her **mo**mmy.
   D   d d **D** d **D**

⑤ Oh, she **wants** to be with her **mo**mmy
   D d **D**   d d d   d **D**

   right now?
   D   **D'**

Main Sentence

What's the **ma**tter?
D' d d   **D**

오늘의 대표문장입니다. 많이 들어보셨죠? 실제로 들었을 때는 무슨 뜻인지 금방 알겠는데 필요한 상황에서는 제대로 못 쓰시는 분들이 꽤 많은 표현입니다.

What's the **ma**tter? 여기서 What과 matter는 내용어입니다. 그러면 이 문장에서 리듬은 어떻게 되죠? **What**(D') is(d) the(d) **ma**tter(D)? 이런 리듬이죠. **What**에서 훅하고 나갔다가 들어오는 것

입니다. **What**'s the **ma**tter? 'What'과 'matter?' 두 개의 내용어 가운데 화자에 따라 힘을 더 주고 싶은 단어가 있을 수 있습니다. 코난은 여기서 **ma**tter에다 훨씬 더 힘을 주었지요.

> **소리규칙** 강세가 없는 t
>
> matter 발음 가볼게요. t 발음을 살리는 건 영국식이죠.
> 영국식으로 할 때는 matter에서 ㅌ 소리가 되지만, 미국식 같은 경우는 t에 강세가 없으면 ㄷ이나 ㄹ 소리가 나오죠! **매럴**.

① You o**kay**, **pal**?
     d   D   D

맨 처음에 코난이 곰을 안고서 뭐라고 얘기하나요?
낑낑대니까, '<u>You o**kay**</u>?' 합니다. 여기서 '유 오케이' 이렇게 또박또박 소리 내면 안 됩니다. 'you o'까지는 기능어로 처리해서 발음해줍니다. 그리고 **kay**에서 훅! 하고 앞으로 뱉으시는 겁니다.
'헤이 친구, 괜찮아?' 이 정도 의미를 가지고 있지요.

② **What**'s the **ma**tter? **What**'s the **ma**tter?
   D' d d D   D' d d D

앞에서 설명한 대표문장입니다. 그래도 낑낑대니까 '도대체 무슨 일이야?' 이렇게 얘기하는 거죠, 곰한테. '대체 왜 그래? 무슨 일이야?'

③ **No**, you **don't like** this **show**, **do** you?
   D d   D   D' d   D   d d

<u>**No**, you **don't** like</u>에서 don't도 내용어 like도 내용어입니다. 어디에 힘을 줄

지는 화자가 결정하는 것입니다. **don't like** 이렇게 따로 따로 훅! 훅! 둘 다 던지면 너무 세지요. 물론 정말 싫다는 것을 과장해서 표현할 때는 따로따로 힘을 줄 수도 있습니다. 그렇게 말할 의도가 아니라면 어디에 힘을 줄까 결정하고 이어주셔야 합니다! don't에 힘을 주면 you **don't** like. like에 힘을 주면 you don't **like**. 화자가 자연스럽다고 생각하는 부분에 힘을 주면 되는 겁니다.

> **TIP** I! don't! like! you!
> 상대방이 너무 싫다는 걸 강조할 때는 **I! don't! like! you!** 이렇게 하나하나 강조해서 쓸 수도 있습니다.

<u>this **show**</u>(d D). this에 힘 들어가지 않아요. 그 다음에 show에 힘이 들어가요. **show**. 발성과 함께. you don't **like** this **show**. this는 거의 안 들리죠.

> **음소단위** sh
> 오늘은 'sh' 소리에 대해 좀 알아봅시다. 'sh' 소리는 입술은 flare(입술을 오리처럼 밖으로 펴지게). 이는 6개 정도가 균등하게 보인다고 생각하시면 됩니다. 그런 다음에 새는 발음 소리입니다. 이와 이 사이에서 살짝 공간을 조금 주는 거예요. 여기서 새어나가는 겁니다. sh.
> 내 혀끝을 어디에 두는 것 자체가 중요하지는 않은데 샐 때 입 앞을 막으면 잘 못 새겠죠. 그래서 새는 데 편하게끔 아랫니 뒤쪽에 내려놓는 겁니다.
> show를 '쇼' 이러면 한국어가 됩니다. 그래서 발음을 할 때는 입모양을 잘 보셔야 됩니다. 정확한 소리는 누가 결정합니까? 발성으로 소리가 나올 뿐인 거고요. 발음은 내 입모양, 내 이빨, 내 혀, 내 턱 구조가 바로 자신의 정확한 여러 발음을 결정해주게 되는 것입니다.

<u>**do** you</u>? '그렇지?' 할 때 쓰는 표현이에요.
<u>you don't **like** this **show, do** you</u>? '너 이 쇼 싫지, 그렇지?'
원래 **do** you 는 둘 다 기능어라서 힘이 들어가지 않지만, 부가의문문의 뉘앙스를 살려주기 위해 **do**에 힘이 훅! 들어갔습니다.

④ Yeah, you're **not** her **mo**mmy.
    D   d d D   d   D

Yeah. 역시 'yeah'를 발음할 때는 **Yeah**! 하고 한 호흡에 훅! 던져 주셔야 합니다! you're **not**(d d D). you're **not** her. 혹은 you're **not** his. 이럴 때 보통 her나 him은 언제나 기능어입니다. 기능어일 때는 빠르게 말하기 위해서 보통 h 소리에 힘을 주지 않는 편입니다. 실제로 er, im, 이 정도 밖에 들리지 않습니다. 그러면 어떻게 되는가요? 표현을 할 때 you're **not her**, '낫!헐' 이렇게 끊어지지 않고, h를 죽이니까 t 다음 h가 아니라 e가 오게 되죠. 소리 끊지 않고 살짝 연음처리 해서 이어지는 느낌이 듭니다. 그래서 '낫!헐'이 아니라 noter, '**나**러' 이런 느낌으로 소리가 나게 됩니다.

소리규칙   기능어 him / her / his 처리

him / her / his 등은 대부분 항상 기능어이기 때문에 미국식 영어에서는 보통 빠르게 처리하기 위해 'h'가 떨어집니다. 그래서 그냥 'im / er / is 정도로 빠르게 처리합니다.
ex) I've heard of her → I've heardofer

---

⑤ Oh, she **wants** to be with her **mo**mmy
    D d   D   d d d   d   D

  right now?
    D   D'

Oh. 여기서는 깨달음의 Oh입니다. 아, 얘가 엄마 보고 싶은 거야? 이런 깨달음의 Oh죠. **O**h. **O**h. 훅 하고 내뱉는 거예요. oh에서 h는 묵음입니다. 실제로는 o 소리만 나는 거죠. o는 '오우' 소리입니다. 그래서 '**오!**' 가 아니라 '**오우!**' 이렇게 소리 내주셔야 합니다.

she **wants** to be. 여기까지 한 번 해볼게요. 여기는 어떤 리듬이죠? she(d) **wants**(D) to(d) be(d)입니다. 계속해서 with와 her를 붙여서 she **wants** to

be with her까지 늘려가시는 겁니다.
이렇게 하면 아무리 길어도 발음이 꼬이지 않습니다. 지금 기능어 네 개(to be with her)가 연달아서 나오죠. 이럴 때 만약 여러분이 다 힘을 주려고 하다 보면 입이 꼬이는 사태를 맞게 되는 겁니다.

she **wants** to be with her **mo**mmy. 이어서 **mo**mmy. 내용어가 들어갑니다. 'she **wants** to be with her **mo**mmy. 엄마 보고 싶구나.' 그런 뜻이죠.

she **wants** to be with her **mo**mmy **right** now? 'right now'는 지금 당장이라는 뜻이죠.
지금 당장 해라! 이렇게 말할 때는 **Right! now!** 이렇게 둘 다 힘을 줄 수도 있습니다. 두 단어 모두 강조하면서. 만약 이어준다고 하면 둘 중의 하나에 더 힘을 줘야겠지요.
right의 t 다음에 n이니까 소리가 끊어지는 느낌을 준다는 걸 기억하셔야 합니다. right now를 연음처리해서 '롸인나우' 하지 않는 겁니다! **right** now에서 right을 발음할 때 훅! 하고 끊어지는 느낌이 있어야 합니다. 굳이 한국어로 표현하면 '롸잇나우' 이런 느낌으로 처리해주는 것입니다.

자, 이제 소리튜닝 반복훈련을 시작해볼까요?

Part 3 소리 반복훈련

 MP3 파일 듣기

① You o**kay**, **pal**?
② **What**'s the **ma**tter? **What**'s the **ma**tter?
③ **No**, you **don't like** this **show**, **do** you?
④ Yeah, you're **not** her **mo**mmy.
⑤ Oh, she **wants** to be with her **mo**mmy **right now**?

> **TIP**   완전히 외울 때까지 발음하면서 Writing도 반복하세요!

훈련 체크   ☐☐☐☐☐☐☐☐☐☐

Part 4 한-영 훈련

① 괜찮니, 친구?
② 무슨 문제 있어?
③ 아, 너 이 쇼를 좋아하지 않는구나. 그렇지?
④ 당신이 곰 엄마가 아니라서 그래요.
⑤ 아, 지금 엄마 곰이랑 같이 있고 싶어 하는군요.

> **TIP**   소리튜닝 배운 대로 하루 동안 틈나는 대로 무한 반복해서 외우세요! 한글을 보면서 영어문장이 자동적으로 떠오를 때까지.

훈련 체크   ☐☐☐☐☐☐☐☐☐☐

Part 5 표현 저널 쓰기 Expression journal

What's the matter?

무슨 문제 있어?

> 자연스러운 한국말로는 '무슨 일이야?' 정도가 되겠습니다. 또는 누군가를 질책할 때도 쓸 수 있습니다. 예를 들면 'What's the matter with you? 너 대체 뭐가 문제니?' '멍청하게 왜 그래?' 거의 싸우자는 뉘앙스로 느껴질 수도 있겠지요.

1. A: What's the matter?
   (무슨 일이야?)
   B: I bit my tongue.
   (혀 깨물었어.)

2. A: I think I lost my wallet.
   (지갑 잃어버린 것 같아.)
   B: What? What's the matter with you?
   (뭐? 왜 이래~ 바보같이.)

3.

4.

5.

Day 6 대표문장

I am dying!
나 죽을 것 같아!

미국의 뉴스/엔터테인먼트 회사 '버즈피드(BuzzFeed)'가 2017년 3월 17일 배우 엠마 왓슨과 인터뷰를 진행했습니다. 엠마 왓슨이 여섯 마리 고양이와 함께 놀며 팬들의 질문에 답하고 있습니다.

Part 1 · 오늘의 예습 Today's Preview

🎧 MP3 파일 듣기

① Hi, little guy, Hello.
② I'm dying. I can't -
③ I can't even concentrate on
    what you're saying.
④ I am with BuzzFeed,
    I am playing with tiny cute kittens,
⑤ My day is made!

① 안녕, 아가야, 안녕.
② 죽을 것 같아요. 못 하겠어요.
③ 말씀하시는 것에 집중조차 못하겠어요.
④ 저는 버즈피드와 있고, 작고 귀여운 고양이들과 놀고 있어요.
⑤ 오늘 행복하네요!

단어와 표현

* **die** [daɪ **다**이]   ① 죽다, 사망하다   ② 사라지다, 없어지다   ③ 서다, 멎다
* **concentrate** [kɑ́nsəntrèit/kɔ́n- **칸**센트레이트]
    집중하다, 전념하다, (한 곳에) 모으다, 집중시키다
* **tiny** [táini **타**이니]   아주 작은, 아주 적은
* **kitten** [ˈkɪtn **킷**은]   새끼고양이

Part 2 오늘의 소리튜닝 Today's Vocal Tuning

소리튜닝 Day6

① **Hi**, little **guy**, Hel**lo**.
   D   d   D   D

② I'm **dy**ing. I **can't** -
   d d D   d   D

③ I **can't** even **con**centrate on
   d   D   d   D   d

   what you're **say**ing.
   d   d   d   D

④ I am with **Buzz**Feed,
   d d   d   D

   I am **play**ing with **ti**ny **cute ki**ttens,
   d d   D   d D   D'   D

⑤ My **day** is **made**!
   d   D d   D

Main Sentence

I'm **dy**ing.
d d D

우리도 간혹 이렇게 말할 때가 있지요. '와우, 죽겠어! (너무 귀여워. 진짜 재미있다.) 죽을 것 같아.' I am **dy**ing!은 이런 의미입니다. 여기서 I am 은 기능어입니다. 당연히 **dy**ing에서 소리가 터져줘야겠죠. 그러면 I am **dy**ing!(d d D), 이렇게 되니까 **dy**ing을 토해내는 느낌으로 발음하는 것입니다. 상대방의 귀에 **dy**ing을 잘 들려준다고 생각하고 발음하세요!

① **Hi**, little **guy**, Hel**lo**.
   D   d   **D**   **D**

엠마가 강아지한테 인사를 하고 있는 장면입니다. 귀여운 강아지들에게.

<u>**Hi**</u>, <u>little **guy**</u>, <u>Hel**lo**</u>. Hel**lo** 강세 **lo**에 훅!

| 음소단위 | h |

추울 때 우리가 손에 대고 '하~' 할 때 있죠? 딱 그런 느낌으로 h 소리 내줍니다. 그 소리로 훅! 내뱉는 느낌입니다.

TIP 엠마 왓슨이 행복해서 그럴 수도 있지만 거의 입을 다물지 않는 상태에서 영어한다는 느낌, 혹시 보셨나요? 여러분, 입 모양만 조금 찢어도 소리가 훨씬 더 풍성해집니다.

---

② I'm **dy**ing. I **can't** -
   d d **D**   d **D**

<u>I'm **dy**ing</u>. 이건 대표문장입니다.
<u>I can't</u>는 d D니까 I **can't**- 이런 느낌이죠. 너무 귀여워서 죽을 것 같아.

---

③ I **can't** even **con**centrate on what you're **say**ing.
   d **D**   d   **D**   d   d   d **D**

<u>I **can't** even</u>(d D d).
concentrate라는 아주 긴 단어가 나왔네요. 긴 단어는 '칸센트레이트' 이렇게 하나하나 다 또박또박 소리 내면 입에서 꼬입니다. 강세 부분을 제대로 훅! 발성과 함께 뱉어 줬다가 빠지는 힘에 뒤에 단어들을 편하게 처리해줍니다. 이 단의 강세는 **con**에 있어요. **con**에 확 내뱉고 공을 던지고 올라오는 힘에 뒤처리합니다. 아무 힘

없이. 그래서, **con**centrate. I **can't** even **con**centrate. '나 집중할 수가 없어.' '집중조차 못 하겠어.' '인터뷰에 집중 못하겠어.' 이런 뜻입니다.

I **can't** even **con**centrate. 내용어 중에 어디에 힘을 더 줄지는 여러분이 결정하셔도 괜찮습니다. I **can't** even concentrate 해도 되고, I can't even **con**centrate 해도 됩니다.

on까지 해보세요. **con**centrate on. on에 힘 들어가지 않습니다. **con**에 힘 주고, on까지 가는 거예요. 보통 '어디에 집중하다' 할 때 전치사 on을 씁니다. 보통 on 발음은 '온' 이렇게 소리 나지 않습니다. 왜? 기능어니까. 그러면 어떻게 해야 할까요? 멍청하게 최대한 입에 긴장 풀고 '언' 정도로 발음합니다.

그 다음에 이렇게 긴 문장은 의미단위씩 먼저 연습하고 붙인다고 했어요.

what you're **sa**ying. what you're까지 입에서 편하게 복화술처리해줍니다. 그러다 순간적으로 **say**ing에서! 다시 한 번 훅! 던져주세요.

> **TIP** s 소리는 새면서 나가면 멋있어요. 샜다가 나가는 소리에요. 그래서 **say**ing 할 때 s~ 샜다가 소리 내주세요! 더 잘 새려면 배에 힘이 더 들어갈수록 더 잘 새요.

> **TIP** 엠마 왓슨이 영국 사람이라서 아무래도 소리가 굉장히 투박하고 단어마다 모두 힘을 주는 편입니다. 그에 비해서 미국 사람이었으면 힘이 많이 빠졌을 거예요. 힘을 주어야 할 부분만 더 힘을 주고.

④ I am with **Buzz**Feed,
   d d   d   D

   I am **play**ing with **ti**ny **cute ki**ttens,
   d d   D   d   D   D'   D

인터뷰를 진행하는 엠마 왓슨이 이렇게 말합니다. "저는 지금 버즈피드와 같이 있습니다." I am with에 힘 들어가지 않아요. d d d. 그 다음과 연결해볼까요? d d d D. I am with **Buzz**Feed(d d d D). 연습하고 영어 바로 대입해볼게요. '아 엠 위드' 이렇게 또박 또박 소리를 내면 엄청 입에서 꼬입니다. 그런데 힘을 뺄 때 빼고 줄 때 주면 꼬이지 않게 됩니다.

그 다음에, '저는요, 놀고 있어요. 이 작은 귀여운 고양이들과.' **ti**ny cute **ki**ttens. 새끼 고양이를 kitten. 새끼 고양이를 kitten이라고 발음하죠. 여기서 중요한 것 나옵니다. 키튼, 키튼, 키튼 이렇게 하는 게 아니라 '킷은' 하는 느낌으로 킷! 하고 호흡을 끊어주셔야 합니다.

> **소리규칙**   t + 모음 + n
>
> kitten처럼 t와 n 사이에 모음이 끼어 있는 경우가 굉장히 많죠. ton도 있고, ten도 있고, tain도 있고, t와 n 사이에 모임이 끼어 있는 경우 t 소리 다음 호흡을 끊어줍니다.
> ex) button [벗! 은]
>   cotton [콧! 은]
>   brighten [브라잇! 은]

tiny. 역시 내용어입니다. **ti**ny cute **ki**tten 이렇게 내용어가 연달아 있을 때 또 혼란이 옵니다. 모두 제대로 정확하게 훅! 훅! 소리를 뱉으면 다 끊어지죠. 이럴 땐 더 힘을 주는 소리가 있어야 합니다. 어디다 더 힘을 줄지는 화자가 결정합니다. 힘을 주고 살짝 빼는 반동이 있어야 이어집니다. 마치 세 단어가 아니라 한 단어가 저렇게 길다고 생각하는 것이지요.

보통 긴 단어들은 1강세 2강세가 있습니다. 예를 들어 responsibility 이런 단어도 사전 찾아보시면 1강세(ˌ 표기)가 있고 2강세(ˈ 표기)가 있습니다 [rɪˌspɒnsəˈbɪləti].

그렇기 때문에 **ti**ny, cute, **ki**tten 이것도 하나의 단어처럼 만드는 느낌으로 발음하시는 것이 좋습니다. 긴 단어이므로 강세가 두 개 정도는 찍혀야 연결이 잘 됩니다.

그러면 어디에다 힘을 줄까요? 그건 여러분 마음입니다. 저는 **ti**ny와 **ki**tten에 힘을 줬어요. 그러면 어떻게 되죠? **ti**ny cute **ki**tten(D d D). 살짝 cute를 죽이는 겁니다. 물론 다른 데 힘을 주셔도 괜찮습니다.

그럼 이제 I am **pla**ying with까지 해볼까요? I am **play**ing with. 좀 끊어줘도 괜찮습니다. 내용어가 뭉쳐 있을 때 어디에 강세를 두고 발음할 지는 화자의 마음입니다.

⑤ My **day** is **made**!
   d   D d   D

My **day** is **made**(d D d D). 엠마가 "오늘 하루 너무 행복하네요!"라고 말합니다. kitten 때문에. 이 표현을 쓸 때는 내가 그냥 혼자 행복하다는 느낌이 아니라 무엇 때문에 내가 행복해졌다는 의미를 쓸 때 더 자연스럽습니다.

한국어의 사고로는 이 문장이 영작되기가 쉽지 않습니다. '내 날이 만들어졌어!' 무슨 소리인지 모르겠지요? 이렇듯 직역으로 기억해두면 이 문장은 절대 입 밖에 나오지 않습니다. 그래서 번역으로 이 문장을 기억해놓으셔야 합니다. "나 너무 행복한 날이야!"

더 많이 쓰이는 표현으로는, "You made my day."가 있습니다. 네가 오늘 내 하루를 만들어줬다. 그런 뜻이죠. "너 덕분에 내가 오늘 행복해."라는 정도의 뜻이에요. 그런데 위 문장에는 You가 없습니다. My day가 주어입니다. by you가 생략된 것이지요.

자, 이제 소리튜닝 반복훈련을 시작해볼까요?

Part 3 소리 반복훈련

 MP3 파일 듣기

① **Hi**, little **guy**, Hel**lo**.
② I'm **dy**ing. I **can't** -
③ I **can't** even **con**centrate on what you're **say**ing.
④ I am with **Buzz**feed,
　　I am **play**ing with **ti**ny **cute ki**ttens,
⑤ My **day** is **made**!

훈련 체크　☐☐☐☐☐☐☐☐☐☐

Part 4 한–영 훈련

① 안녕, 아가야, 안녕.
② 죽을 것 같아요. 못 하겠어요.
③ 말씀하시는 것에 집중조차 못하겠어요.
④ 저는 버즈피드와 있고,
　　작고 귀여운 고양이들과 놀고 있어요.
⑤ 오늘 행복하네요!

훈련 체크　☐☐☐☐☐☐☐☐☐☐

Part 5 표현 저널 쓰기 Expression journal

I am dying + (to V)

이 말은 이렇게 쓸 수 있어요. I am dying you are so funny. 와, 진짜 죽을 것 같아, 너무 웃겨. I am dying to watch the movie. 그 영화 보고 싶어 죽겠어. 이렇게 말합니다. 반면에 I'm dying은 병과 같은 요인으로 진짜 죽어간다는 의미로도 쓰일 수 있습니다. I am dying from ~로 부터 죽어가고 있다는 의미이죠.

1. Oh, my god! I'm dying. That was so funny.
   (아, 죽을 것 같아. 너무 웃겨!)
2. I am dying to see you.
   (네가 너무 보고 싶어!)
3. I'm dying from cancer.
   (난 암으로 죽어가고 있어.)
4.

5.

Day 7 대표문장

I can't help it
어쩔 수가 없어요 / 참을 수가 없네요

2016년 6월 20일, NBC 〈투나잇 쇼〉에 영화배우 블레이크 라이블리가 출연했습니다. 진행자 지미가 3주 동안 자신을 못 본다며 블레이크에게 자신의 실사 크기 사진을 선물로 주고 있는 장면입니다.

Part 1 오늘의 예습 Today's Preview

MP3 파일 듣기

① Oh! I'm gonna do so many terrible things with this.
② I can't help it.
③ Wait, maybe this is a bad idea.
④ This is a terrible idea.

① 나 이걸로 정말 많은 나쁜 짓들을 할 거예요.
② 참을 수가 없는데요.
③ 잠깐요. 아마도 이거 안 좋은 생각인 것 같아요.
④ 끔찍한 아이디어예요.

단어와 표현

* **terrible** ['terəbl 테러블]
  ① 끔찍한, 소름끼치는 ② 심한, 지독한 ③ 형편없는
* **help** [help 헬프] ① 돕다, 거들다 ② 도움이 되다
* **maybe** ['meɪbi 메이비]
  ① 어쩌면, 아마 ② 혹시(제안의 뜻) ③ 글쎄(애매한 응답)

① Oh! I'm gonna **do so many te**rrible **thi**ngs
   d d d   d   D' D D' D   D'

   with this.
   d   d

② I **can't help** it.
   d D'   D   d

③ **Wait**, **may**be this is a **bad** i**dea**.
   D   D'   d d d D   D'

④ This is a **te**rrible i**dea**.
   d   d d   D   D'

Main Sentence

I **can't help** it.
d D'   D   d

이 문장에서 I는 힘 들어가지 않죠.

<u>can't **help**</u>. 둘 다 내용어인데 모두 힘을 주면 끊어질 수 있습니다. 어디에 힘을 줄지 결정하면 되는데, I can't **help** it! 보통 이렇게 **help**에 힘을 줘서 많이 씁니다.

보통 자음 다음에 바로 모음이 나오면 연음 처리가 됩니다. **help** it을 붙여서 **help**it 이런 느낌으로 한 단어처럼 소리내줍니다. 어려우면 연음을 생각하지 말고 농구공이 갔다가 튕겨 나오는 것만 생각하세요. 농구공을 던지고 돌아오는 힘, 반동의 힘으로 이어서 소리 내준다고 생각하세요!

① Oh! I'm gonna **do so many te**rrible **thi**ngs
   d d d   d   D' D   D'   D   D'

   with this.
   d   d

문장이 길면 의미단위로 잘라서 훈련하고 나중에 이어붙입니다.

<u>I'm gonna do</u>(d d d D).

so many. so에도 힘이 들어갑니다. 그런데 do에도 힘주고, so에도 힘주면 소리가 끊어지겠지요? 실제 영상에서도 살짝 말할 때 끊어지는 느낌이 있어요. 만약 끊어지게 소리내고 싶지 않으면 so나 do, 둘 중 하나에 힘을 덜 주시면 됩니다. 내가 결정하는 거예요.

<u>I'm gonna do **so** many **te**rrible things</u>. t 소리는 배에 힘을 더 많이 줄수록 크게 잘 들립니다. 발성이 알아서 나가는 거지요. **te**rrible things.

<u>with this</u>. 앞의 te에서 훅! 던져주고 끌어오는 소리로 things와 함께 with this까지 다 처리하세요.

음소단위   t

입천장에 톡 튀어나온 부분을 치경이라고 합니다. t 발음을 할 때, 혀의 완전 끝이 아니라 앞부분을 치경에 댑니다. 그래야 조금 더 접촉면적이 넓어져서 소리가 잘 터집니다. 병뚜껑이 퍽 하고 터지는 소리가 나와야 합니다. t 소리를 잘 하기 위해서는 발성을 할 때 배에 힘이 들어갈 수밖에 없습니다. 배가 움직이는 la 소리를 모르겠다 싶을 때 t로 훈련하면 배가 움직이는 느낌을 바로 알 수 있습니다. t는 무성음입니다. 혀의 위치나 소리내는 규칙은 모두 같은데 성대가 울리는 유성음은 음소단위 d입니다.

TIP   life size

지미가 블레이크에게 실사 크기 사진을 줍니다. '실사 크기'는 영어로 뭘까요? life size라고 했죠. 실사 사이즈. 여기서는 실제 사람 몸 사이즈와 똑같은 것이겠지요?

② I **can't help** it.
　d　D'　　D　d

help에 훅! 터지고 '나 진짜 어쩔 수가 없어~ 참을 수가 없어.'라는 말투와 표정으로 해줍니다.

③ **Wait**, **may**be this is a **bad** i**dea**.
　　D　　D'　　　d　d d　D　　D'

Wait. 한 호흡에 던집니다. 힘없이 가는 게 아니라 훅! 소리를 던지는 느낌입니다.
maybe this is. this도 지시사이기 때문에 힘을 줄 수 있지만 힘을 안 줄때도 많습니다. bad 할 때 a는 입을 크게 벌리는 apple의 a입니다. 입을 작게 벌리면 bed. 침대가 됩니다!

④ This is a **te**rrible i**dea**.
　d　 d d　　D　　　D'

This is a 역시 힘을 주지 않았어요. 소리를 먹습니다.
This is a **te**rrible idea. terrible. '**te**'에서 훅! **t** 소리 제대로 던져줍니다.
terrible idea. 형용사 + 명사 구조입니다. 둘 다 기본적으로 내용어이므로 힘이 들어갈 수 있습니다. 어디에 힘을 주는가에 따라 뉘앙스가 달라질 뿐입니다. 즉, **te**rribble idea도 괜찮고, terrible i**dea**도 괜찮습니다.

> **소리규칙**　형용사 + 명사
>
> 보통 형용사 + 명사 구조는 명사가 더 중요한 경우가 많아서 명사에 힘이 들어갑니다. 그러나 위의 경우처럼 언제나 예외는 가능합니다.

자, 이제 소리튜닝 반복훈련을 시작해볼까요?

Part 3　소리 반복훈련

 MP3 파일 듣기

① Oh! I'm gonna **do so many te**rrible **thi**ngs with this.
② I **can't help** it.
③ **Wait**, **may**be this is a **bad** i**dea**.
④ This is a **te**rrible i**dea**.

> **TIP**　완전히 외울 때까지 발음하면서 Writing도 반복하세요!

훈련 체크　☐☐☐☐☐☐☐☐☐☐

Part 4　한-영 훈련

① 나 이걸로 정말 많은 나쁜 짓들을 할 거예요.
② 참을 수가 없는데요.
③ 잠깐요. 아마도 이거 안 좋은 생각인 것 같아요.
④ 끔찍한 아이디어예요.

> **TIP**　소리튜닝 배운 대로 하루 동안 틈나는 대로 무한 반복해서 외우세요! 한글을 보면서 영어문장이 자동적으로 떠오를 때까지.

훈련 체크　☐☐☐☐☐☐☐☐☐☐

Part 5 표현 저널 쓰기 Expression journal

I can't help it / ~v ing

어쩔 수 없어! 참을 수 없어!

Day 6에서 엠마 왓슨이 뭐라고 했었죠? 'I couldn't help myself!' 과거라서 couldn't를 썼습니다. I can't help it! 이 말은 지금, 현재 어쩔 수 없다는 뜻이기도 하지만 '어쩔 수가 없었어, 참을 수가 없었어.' There is nothing I can do. 비겁한 변명을 할 때 쓸 수 있습니다. '너 왜 샀어, 이 옷?' I can't help it! 이때 it은 앞에 있는 문장 전체를 받아줍니다. '그것을' 나는 참을 수가 없다. 구체적으로 '뭘 참을 수가 없어. 당장 좀 하고 싶어. 어쩔 수가 없어.' 이런 말을 할 때는 I can't help + 동사 ing 형태를 쓰시면 됩니다.

---

1. I can't help yawning.
   (하품을 참을 수 없어.)

2. A: Why are you drinking beer?
   I thought you quit drinking.
   (너 왜 맥주 마셔? 난 너 술 끊을 줄 알았는데.)

   B: I know but I can't help it.
   (알아. 어쩔 수가 없어.)

3. I can't help falling in love with you.
   (당신과 사랑에 빠지는 걸 어쩔 수가 없네요.)

4.

5.

| Review | **1주차 한영 훈련 중첩 복습** |

자, 이제 7일차까지 끝내셨습니다! 반복 연습은 얼마나 하셨나요? 모두 기억하고 계신가요? 자, 지금까지 배운 1강~7강을 복습해봅시다! 다음 한글 표현에 맞게 영어문장을 떠올리고 소리튜닝하여 발음해보세요! 아직 자동적으로 떠오르지 않는다면 더 반복훈련하시기 바랍니다.

DAY 1

① 유엔에서 연설을 하셨다면서요.
② 네.
③ 어땠어요? 멋졌나요?
④ 아시다시피, 저… 저는… 정말 긴장했어요.

DAY 2

① 몇 살이죠?
② 스무 살이 될 거예요.
③ 스무 살이 된다고요?
④ 네.
⑤ 아직 스무 살도 안 됐어요?
⑥ 아직요.

DAY 3

① 제가 첫 남자친구를 만났을 때가 15살이었어요.
② 진지했나요?
③ 네, 1년 정도 만났어요.

④ 그럼, 키스나 이것저것 해봤겠네요?
⑤ 네.

DAY 4

① 너 입으로 따라 하잖아…입 모양으로 댄의 대사를 하고 있잖아.
② 그럼 저는 "아, 진짜 죄송합니다."
③ "정말 죄송해요. 죄송해서 어쩌죠!"
④ 그런데 정말 어쩔 수가 없었어요.

DAY 5

① 괜찮니, 친구?
② 무슨 문제 있어?
③ 아, 너 이 쇼를 좋아하지 않는구나. 그렇지?
④ 당신이 곰 엄마가 아니라서 그래요.
⑤ 아, 지금 엄마 곰이랑 같이 있고 싶어 하는군요.

DAY 6

① 안녕, 아가야, 안녕.
② 죽을 것 같아요. 못 하겠어요.
③ 말씀하시는 것에 집중조차 못하겠어요.
④ 저는 버즈피드와 있고, 작고 귀여운 고양이들과 놀고 있어요.
⑤ 오늘 행복하네요!

DAY 7

① 나 이걸로 정말 많은 나쁜 짓들을 할 거예요.
② 참을 수가 없는데요.
③ 잠깐요. 아마도 이거 안 좋은 생각인 것 같아요.
④ 끔찍한 아이디어예요.

Special Class

갓주아의 1주차 소리튜닝 특강
– 마인드튜닝이 먼저입니다!

마인드튜닝의 실천과정

1. 최종 목표를 떠올리고 생생하게 상상하며 되새긴다.
2. 최종 목표에 따른 구체적인 목표를 작성한다.
3. 구체적인 목표에 따른 세부 실천 사항을 작성한다.
4. 실천 사항에 따른 오늘 해야 할 일의 목록을 만든다.
5. 잠들기 전, 매일매일 액션 플랜의 실천현황을 점검하고 피드백 한다.

마인드튜닝 하시고 액션 플랜을 만드세요!

마인드튜닝이란 자신이 원하는 모습을 설정하고, 그 모습이 된 자신을 계속해서 상상하는 것입니다. 최대한 생생하고 구체적으로 떠올려야 합니다. 그렇게 하면 무슨 일에서든 강력한 동기부여가 됩니다.

자꾸 마인드튜닝을 하다 보면, "하고 싶다!", "해야겠다!", "할 수 있다!"는 생각에까지 이릅니다. 생각이 바뀌면 행동이 바뀌고, 바뀐 행동이 쌓이면 습관이 만들어집니다. 좋은 습관은 나를 이전의 나로부터 벗어나게 만드는 강력한 힘이 됩니다. 이전과는 다른 사람이 되는 것입니다. 마인트튜닝으로 원하는 자신의 모습을 상상해보세요. 원하는 모습을 끝임없이 상상하고 날마다 조금씩 실천하세요!

Massive Action Plan

Date	2019/3/1
What	소리튜닝 100일 프로젝트로 영어천재가 된다!
Why	원어민들과 자유롭고 행복하게 영어로 대화하고 싶다. 영어가 나의 무기가 된다. 영어로 멋있게 프레젠테이션 할 수 있다.
By When	2019년 6월 10일까지 목표를 완수한다.

Description of Massive Action to be taken

Action steps	Potentional Barriers	Result
1. 기상시간 5시	알람을 꺼버릴 수 있다. 알람을 3개 켜자. 일어나서 바로 샤워하자.	Y
2. 음소단위 하루 3개 훈련	귀찮아서 안할 수 있으니 씻기 전에 거울 보면서 연습한다.	Y
3. 매일 day1씩 소리훈련	각 문장마다 편해질 때까지 반복 연습, 적어도 한 문장 10번 이상.	Y
4. 한글 보고 영어로 말하기	훈련한 소리 그대로 반복해서 영어로 말한다. 10번 이상 반복한다. 몸이 암기할 수 있도록 한다.	Y
5. MP3 파일 따라 듣고 다니기	하루 종일 연습한 소리를 듣고 따라 한다. 통근 길에, 점심 먹고 30분 동안, 적어도 1시간 짬을 낸다.	N 바빠서 시간이 없었다. 다음에는 먼저 해야지.
6. 전에 훈련한 문장 체화 복습	한글을 보고 영어로 말한다. 헷갈리는 문장은 다시 소리 연습한다. 3번.	Y
Positive affirmation	1. I am great and wonderful.	
	2. I am the architect of my life.	
	3. I am superior to negative thoughts and low actions.	

Special Class 1

Day8 **Believe it or not** 믿거나 말거나 / 믿기지 않겠지만

Day9 **I can handle that** 제가 감당할 수 있어요

Day10 **It's not fair at all** 이건 전혀 공평하지 않아

Day11 **That's what I wanna do** 저게 내가 하고 싶은 거야

Day12 **I will say** 그건 인정해요

Day13 **I keep asking myself** 저도 제 자신에게 계속 물어봐요

Day14 **Are you guys ready?** 준비됐니?

Review / Special Class 2   음소단위를 외우고 호흡 훈련하세요!

Week 2

Day 8
|
Day 14

I am improving each day.
나는 매일 성장한다.

Day 8 대표문장

Believe it or not
믿거나 말거나 / 믿기지 않겠지만

2018년 9월 13일, NBC 〈투나잇 쇼〉에 영화배우 블레이크 라이블리가 출연했습니다. 그녀는 당시 영화 〈부탁 하나만 들어줘(A Simple Favor)〉 시사회에서 속이 비치는 파격적인 옷으로 화제가 되었는데, 지미가 그것을 칭찬하네요. 그런데 블레이크는 사실 그 옷이 지방시의 남성복이라고 밝힙니다.

Part 1 오늘의 예습 Today's Preview

MP3 파일 듣기

① So you guys were out there,
② You're wearing a gorgeous outfit,
③ And I want to show a picture of the outfit you're wearing.
④ It's actually a men's suit, believe it or not.

① 그래서 거기에 당신들이 있었어요.
② 당신이 거기서 정말 멋진 옷을 입고 있었어요.
③ 그 옷 사진을 보여주고 싶네요.
④ 그거 사실 남자 옷이에요, 믿기 힘들겠지만.

단어와 표현

* **wear** [wer 웨얼] where(어디에)과 발음이 같습니다.
  ① 입고(쓰고/끼고/신고/착용하고) 있다
  ② (머리를 특정한 모양으로) 하고 있다 ③ (표정을) 짓고 있다
* **gorgeous** [ˈgɔːrdʒəs 골져스] ① 아주 멋진 ② 선명한, 화려한
* **out·fit** [ˈaʊtfɪt 아웃핏]
  ① (특별한 경우/목적을 위해 입는 한 벌로 된) 옷 ② (함께 작업하는) 팀
  ③ (특정 목적에 필요한 한 벌의) 장비

Part 2 오늘의 소리튜닝 Today's Vocal Tuning

① So you **guys** were out **there**,
   d d   D   d   d D

② You're **wear**ing a **gor**geous **out**fit,
   d d   D   d D   D'

③ And I **want** to **show** a **pic**ture of the **out**fit
   d d D' d   D d D'   d d D

   you're **wear**ing.
   d d   D

④ It's **ac**tually a **men**'s **suit**, be**lie**ve it or **not**.
   d   D   d D   D'   D   d d D

Main Sentence

Be**lie**ve it or **not**.
 D   d d   D

<u>Be**lie**ve it</u>. 여기서 강세는 **lie**에 있습니다. Be**lie**ve. Be**lie**ve it은 v 다음 it 모음으로 이어지니까 연음 처리 가능합니다. 그래서 'be**lie**vit' 하는 느낌으로 이어서 소리 냅니다.

<u>Be**lie**ve it or **not**</u>. Be**lie**ve it or까지 하신 다음에 **not**에서는 뱉어 주셔야 합니다.

① So you **guys** were out **there**,
   d d   D   d   d D

you **guys**, d D. you **guys**는 블레이크와 그의 남편. '너네'라는 의미예요. 그냥 you만 해도 되는데 you **guys** 하면 친근한 느낌을 줄 수 있어요.
So까지 하면 d d D. So you **guys**. 그 다음은 So you **guys** were. out까지 가볼까요? So you **guys** were out.

So you **guys** were out **there**. 전체 리듬인 d d D d d D로 먼저 연습하고 편해지면 영어를 대입시킵니다!

② You're **wear**ing a **gor**geous **out**fit,
    d d D   d D   D'

You're, 그 다음에 훅 하고 나와요. You're **wear**ing(d d D). 순간적으로 **wear**ing 발음을 훅! 던져주셔야 합니다.
하나 더 넣어볼까요. You're **wear**ing a.

음소단위 w

w 발음은 힘 없는 소리가 아니에요. 아이한테 뽀뽀할 때 하는 느낌을 떠올려보세요. 입술이 쪼그라들면서 힘을 순간적으로 주기 때문에 진동이 느껴집니다. 힘을 팍 주셔야 되는 소리입니다. 배에 역시 힘이 들어갈 수밖에 없습니다.

---

gorgeous. 순간적으로 **gor** 내뱉으며 훅! 나갔다가 geous에서 먹어줍니다. 훅! 나갔습니다.
outfit의 힘은 **out**에 들어갑니다. 농구공 던지는 힘에 **out**, 돌아오는 힘에 fit. 아웃핏 하는 느낌으로 끊어줍니다. 그래도 **out**fit의 **out**에 **gor**geous만큼 힘을 주지는 않습니다. 발성은 **gor**에 나가고 **out**fit은 살짝만 소리를 냈어요.

연결해볼까요? You're **wear**ing a **gor**geous outfit.

③ And I **want** to **show** a **pic**ture of the **out**fit
　d　d　D'　d　　D　d D'　　　　d　d　D

　you're **wear**ing.
　d　d　　D

<u>And I want to</u>. 보통 want to라고 하지 않고 빠르게 wanna라고 말합니다. 그래서 And I want to에 힘을 주지 않았어요. **show**. 훅 하고 던지는 느낌이죠.
<u>And I want to **show**</u>. 보여주고 싶습니다. '무엇을 보여주고 싶은지'는 뒤에 나오죠.
<u>picture</u>. p 하실 때 배에 힘 주세요. picture에 힘을 주고 빼는 힘에 of까지 소리 냅니다. <u>picture of</u>. 요요하는 느낌, 농구하는 느낌으로 합니다. <u>picture of the</u>. 끝에 the를 '디[ði]'라고 발음합니다. 왜냐하면 다음 단어가 outfit, 처음에 o가 들어가니까 '디[ði]'로 바뀌죠.
<u>picture of the **out**fit(D' d d D)</u>.

연결해볼까요? <u>a picture of the **out**fit you're **wear**ing</u>.
<u>And I want to **show** a picture of the **out**fit you're **wear**ing</u>.

④ It's **ac**tually a **men**'s **suit**, be**lie**ve it or **not**.
　d　　D　　d　D　　D'　　D　d d　D

<u>It's **ac**tually</u>. 이때 a는 큰 '아'예요. 턱이 좀 부담스러울 정도로 크게 벌려서 **ac** 처리해줍니다.
<u>**men**'s suit</u>에서 s가 두 번 연달아 있어요. 이럴 땐 하나로 연결해서 소리 내줍니다. 즉, **men**'suit 이런 느낌으로요.

연결해볼까요? <u>It's **ac**tually a **men**'s suit, be**lie**ve it or **not**</u>.

자, 그럼 이제 몸으로 암기하는 소리튜닝 반복훈련을 시작해볼까요?

Part 3   소리 반복훈련

① So you **guys** were out **there**,
② You're **wear**ing a **gor**geous **out**fit,
③ And I **want** to **show** a **pic**ture of the **out**fit you're **wear**ing.
④ It's **ac**tually a **men**'s **suit**, be**lie**ve it or **not**.

> **TIP** 완전히 외울 때까지 발음하면서 Writing도 반복하세요!

훈련 체크 ☐☐☐☐☐☐☐☐☐☐

Part 4   한-영 훈련

① 그래서 거기에 당신들이 있었어요.
② 당신이 거기서 정말 멋진 옷을 입고 있었어요.
③ 그 옷 사진을 보여주고 싶네요.
④ 그거 사실 남자 옷이에요, 믿기 힘들겠지만.

> **TIP** 소리튜닝 배운 대로 하루 동안 틈나는 대로 무한 반복해서 외우세요! 한글을 보면서 영어문장이 자동적으로 떠오를 때까지.

훈련 체크 ☐☐☐☐☐☐☐☐☐☐

Part 5 표현 저널 쓰기 Expression journal

believe or not

믿거나 말거나 / 믿기지 않겠지만

> It's surprising but true. 놀랍긴 하지만 뭔가가 사실임을 강조하기 위해서 쓰입니다. 상대방이 못 믿을 것 같은 내용을 말할 때 쓸 수 있습니다. 특히 강세나 리듬을 잘 타줘야 하고 뉘앙스를 잘 살려야 합니다.
> You didn't know it yet. I'm very smart. Believe it or not.
> 너는 아직 모르겠지만, 난 되게 똑똑해. 믿거나 말거나.

1. Believe or not, I'm acuatlly very smart.
   (믿기 힘들겠지만, 난 사실 매우 똑똑해.)
2. I'm over fifty years old, believe or not.
   (믿기 힘들겠지만, 나 50 넘었어.)
3. Believe or not, they got married!
   (믿기 힘들겠지만, 걔네 결혼했대!)
4.

5.

Day 8 Believe it or not

Day 9 I can handle that
대표문장 제가 감당할 수 있어요

2014년 11월 4일, 미국 NBC의 〈투나잇 쇼〉에 배우 앤 해서웨이가 출연했습니다. 앤은 자신이 당황했던 경험에 대해 말하면서 당황의 척도가 1부터 10까지 있다고 말합니다.

Part 1 오늘의 예습 Today's Preview

MP3 파일 듣기

① So, here's the thing.
② If that's a 10. That was like a four.
③ Yeah, you can get through it.
   You can handle that one.
④ I can handle that.

① 그래서, 이런 거죠.
② 만약 그게 10점이라면, 이건 4정도였어요.
③ 그렇네요. 극복할 수 있는 정도네요. 그건 감당할 수 있잖아요.
④ 제가 감당할 수 있어요.

단어와 표현

* **get through** [겟 쓰루] 이어동사
  ① 어려움을 극복하다 ② 전화 연락이 닿다 ③ 뭔가를 끝내다
* **handle** ['hændl 핸들]
  ① 다루다 ② 만지다, 들다, 옮기다 ③ 취급하다, 거래하다

Part 2 오늘의 소리튜닝 Today's Vocal Tuning

소리튜닝 Day9

① So, **here**'s the **thing**.
   d   D' d d   D

② If **that**'s a **10**. **That** was like a **four**.
  d   D   d d D   D   d   d d D

③ **Yeah**, you can **get through** it.
   D   d   d   D'   d   d

   You can **han**dle that one.
   d   d   D   d   d

④ I can **han**dle that.
   d d   D   d

Main Sentence

I can **han**dle that.
d d   D   d

handle. h 소리. 훅 하고 내뱉는 소리입니다. 여기만 힘 들어가면 됩니다. 훅 힘을 주고 **han**dle. **han**에 훅! 소리 나가주고 dl은 힘없이 입모양만 해줍니다. 한국어처럼 '핸들' 이렇게 똑같은 두 개의 호흡을 주시면 안 됩니다.
<u>I can **han**dle</u>(d d D).
<u>I can **han**dle that</u>(d d D d). 리듬을 훈련해주세요! 편해지면 영어를 대입해줍니다. 상대방에게는 'handle'만 들리면 됩니다.

① So, **here**'s the **thing**.
　d　　D'　d　　D

앤 해서웨이가 내가 생각하는 당황(thing)의 척도는 1부터 10이라고 설명했습니다.

So, here's the **thing**(d D d d D). 이 문장은 한국어로 해석하기가 어렵습니다. 그래서 뉘앙스로 기억해두시는 게 좋지요.

말을 시작하면서 사람들을 주목시킬 때, 'All right.' 'So, here's the thing.' 같은 표현을 씁니다. 대화하는 중인데 나와 반대 의견을 가지고 있는 사람에게 무언가 강조하고 싶을 때죠.

'그러니까 내 의견이 뭐냐면', '내 생각은 뭐냐면', '내가 하고 싶은 말은 뭐냐면.' 한국어로 하면 '있잖아.' 정도가 될 수 있겠습니다.

② If **that**'s a **10**. **That** was like a **four**.
　d　D　dd　D　　D　　d　　d d　D

If **that**'s(d D d). 이때 **that**은 굉장히 강조했습니다. 지시사 자체가 내용어지요. If는 힘들어가지 않습니다.

If **that**'s a **10**(d D d d D). 역시 **10**(ten)에 힘 들어가죠.

That was like a(D d d d). 이때 **That** 역시 힘 들어갔죠. 이때의 **That**은 앞의 그 that과는 다른 **That**입니다.

was like a에는 힘 들어가지 않아요. **That**에만 힘 들어가요. 그리고 다시 나가는 거죠.

That was like a **four**. 리듬 느껴지세요? D d d d D!

③ **Yeah**, you can **get through** it.
   D   d   d   D'   d   d

You can **han**dle that one.
 d   d   D   d   d

Yeah. 그렇지, 맞아, 이런 의미입니다.

you can get **through** it. '겟 쓰루 잇' 아니고 get **through** it. it은 소리를 먹어줍니다. get **through**가 이어동사이기 때문입니다.

> **TIP**　get through
> '무언가를 뚫고 간다, 극복하다, 감당하다, 감내하다'라는 의미입니다. 이런 것을 이어동사(phrasal verbs)라고 합니다. put **on**, put **down**, put **in**. 이어동사는 이렇게 뒤에 힘을 줍니다.

You can **han**dle that one. 소리의 차이를 느끼세요. 발성으로 터져주는 거랑 안 터져주는 거랑 많이 다릅니다. 훅훅 던지면서 말하지만 다 던지는 게 아니라 기능어는 먹어야 합니다. 기능어는 먹고 내용어는 던지세요. you can get 부분에서 화자인 지미는 거의 발음을 안 합니다. 기능어이기 때문이죠.

④ I can **han**dle that.
  d   d   D   d

대표문장입니다.

자, 이제 몸으로 암기하는 소리튜닝 반복훈련을 시작해볼까요?

Part 3 소리 반복훈련

 MP3 파일 듣기

① So, **here**'s the **thing**.
② If **that**'s a **10**. **That** was like a **four**.
③ **Yeah**, you can **get through** it.
   You can **han**dle that one.
④ I can **han**dle that.

> **TIP** 완전히 외울 때까지 발음하면서 Writing도 반복하세요!

훈련 체크 ☐☐☐☐☐☐☐☐☐☐

Part 4 한-영 훈련

① 그래서, 이런 거죠.
② 만약 그게 10점이라면, 이건 4정도였어요.
③ 그렇네요. 극복할 수 있는 정도네요.
   그건 감당할 수 있잖아요.
④ 제가 감당할 수 있어요.

> **TIP** 소리튜닝 배운 대로 하루 동안 틈나는 대로 무한 반복해서 외우세요! 한글을 보면서 영어문장이 자동적으로 떠오를 때까지.

훈련 체크 ☐☐☐☐☐☐☐☐☐☐

Part 5 표현 저널 쓰기 Expression journal

handle

상황이나 문제를 해결/처리/감당한다는 표현

> Can you do that? Can you handle it?
> Yeah, I can handle that.
> 내가 처리할 수 있어. 내가 감내할 수 있어. 내가 감당할 수 있어. 별 거 아니야.
> 직장에서도 쓸 수 있겠죠.

1. What are the best ways to handle stress?
   (스트레스를 처리하는 가장 좋은 방법은?)
2. I don't know if I can handle that.
   (내가 그걸 처리할 수 있을지 모르겠어.)
3. I can handle this on my own.
   (내가 혼자 처리할 수 있어.)
4.

5.

Day 10 대표문장

It's not fair at all
이건 전혀 공평하지 않아

2017년 10월 24일, ABC 〈지미 키멜 라이브(Jimmy Kimmel Live)〉에 배우 조지 클루니가 출연했습니다. 조지가 쇼에 나와서 진행자 지미에게 본인의 쌍둥이를 보여주겠다고 하고 있는 장면입니다. 그런데 아무래도 아닌 거 같죠?

Part 1 오늘의 예습 Today's Preview

MP3 파일 듣기

① I feel like you betrayed me in a way,
② bring him here and… It's not fair at all.
③ I just… I thought I'd bring out the kids.
④ Yeah, okay, that would be nice.

① 어떤 면에서는 당신이 나를 배신한 느낌이에요.
② 저분을 여기에 데려오고… 이건 전혀 공평하지 않아요.
③ 저는 그냥… 아이들을 데리고 나오고 싶었어요.
④ 네, 그건 좋은데….

단어와 표현

* **betray** [bɪˈtreɪ 비**츄레**이]
  ① (적에게 정보를) 넘겨주다   ② 배신하다, 저버리다
* **bring** [brɪŋ 브**링**]
  ① 가져오다, 데려오다   ② 제공해주다   ③ 움직이게 하다
* **fair** [fer 페**얼**]
  ① 타당한, 온당한   ② 공정한, 공평한   ③ (수, 크기, 양이) 상당한

Part 2 오늘의 소리튜닝 Today's Vocal Tuning

소리튜닝 Day10

① I **feel** like you be**tray**ed me in a **way**,
　d D'　　d　　d　　D　　　　d d d D

② **bring** him **here** and… It's **not fair** at **all**.
　D　　d　D'　d　　　d d D' D　d D'

③ I just… I **thought** I'd **bring** out the **kids**.
　d d　　d　　D　　dd　　D　　d d　D

④ **Yeah**, o**kay**, **that** would be **nice**.
　D　　D'　　D　　d　d　D

Main Sentence

It's **not fair** at **all**.
d d D'　D　d D'

It's not(d d D). 그리고 다음의 **f**에서 터집니다. f 음소단위 제대로 해주셔야 합니다. 윗니가 아랫입술 물었다 놔주면서 **fair**. not에 t가 있고 자음이 오므로 소리가 끊어져야 합니다.

그러면 어떻게 되죠? It's not 하고 끊어주는 느낌을 주세요.

It's not **fair** at **all**.

> **TIP**　It's not fair at all
> 정말 많이 쓰는 표현이죠? 이건 진짜 공평하지 않아. 이건 진짜 말도 안 돼.

① I **feel** like you be**tray**ed me in a **way**,
   d D' d   d   D   d d d D

I **feel** like(d D d). '아이 필 라이크' 하시면 안 됩니다. **feel**에서 훅! 뱉었다가 소리를 죽여서 들어오셔야 해요. 이어서 like you까지.
I feel like you be**tray**ed me. be**tray**ed는 d D입니다. 뒤에 힘이 들어가죠. 이 문장에서 가장 중요한 부분은 be**tray**ed입니다.

> **소리규칙**　tr
>
> tr 발음은 입모양을 '츄' 하고 해보세요! 훨씬 편하고 정확한 소리가 됩니다.
> ex) try [트라이] → [츄라이]
> 　　train [트레인] → [츄레인]
> 　　tree [트리] → [츄리]

in a **way**(d d D). 훅 하고 내뱉는 느낌이에요.
I feel like you be**tray**ed me in a **way**.

② **bring** him **here** and... It's **not fair** at **all**.
    D   d   D'   d   d d D' D   d D'

bring him here. **bring**에 힘을 팍 줄게요. **bring**에서 훅! 하고 몸과 함께 앞으로 나가면서 소리 내보세요. **bring** 나가고 오는 힘에 him. 보통 him이나 her에는 힘이 들어가지 않아서 h 소리가 거의 빠져서 들린다고 했죠. 그래서 **bring him**이 아니라 '**bring** im' 이 정도예요.
다음 내용어 here도 소리를 정확히 내주지만 **bring**만큼 훅! 나가지는 않습니다! 물론 here에 나가도 됩니다. 어느 내용어에 더 힘을 줄지에 따라서 화자의 의도를 파악할 수 있습니다.

It's not **fair** at **all**. 대표문장 나왔죠.

③ I just… I **thought** I'd **bring** out the **kids**.
　d d　　　d　　D　　dd　D　　d　d　D

I just. 나는 그냥, 하면서 조지 클루니가 변명을 하죠.
I **thought**(d D). 반박으로 리듬을 처리해줍니다.

> **TIP**　'나는 생각해.'라고 할 때 d D. 이 리듬이에요. I **think**.

I **thought** I'd **bring** out(d D dd D d). 리듬을 먼저 연습하고 익숙해지면 영어를 입혀봅니다. the **kids**(d D).
전체 문장은 I **thought** I'd **bring** out the **kids**(d D dd D d d D). 강세와 리듬을 넣어서 훈련해보세요.
bring out the **kids**. **bring**에 훅! 뱉고 들어오는 소리에 out the 처리해줍니다. 그리고 다시 **kids**에 훅! 하면서 음소단위 k 소리 제대로 긁는 소리로 내면서 뱉어줍니다.

④ **Yeah**, o**kay**, **that** would be **nice**.
　 D　　 D'　 D　　d　　d　D

Yeah. 훅 내뱉습니다. 그리고 o**kay**.
that would be **nice**(D d d D). **that**이 내용어라서 힘 들어갑니다. 여기서 would be는 절대로 '우드! 비!'라고 또박또박 발음하지 않습니다. 굳이 한국어로 쓴다면 '읏비' 정도로 소리 냅니다. 하지만 항상 기능어라서 복화술하듯이 편하게 대충 소리 냅니다.

자, 이제 몸으로 암기하는 소리튜닝 반복훈련을 시작해볼까요?

Part 3 소리 반복훈련

🎧 MP3 파일 듣기

① I **feel** like you be**tray**ed me in a **way**,
② **bring** him **here** and… It's **not fair** at **all**.
③ I just… I **thought** I'd **bring** out the **kids**.
④ **Yeah**, o**kay**, **that** would be **nice**.

> **TIP** 완전히 외울 때까지 발음하면서 Writing도 반복하세요!

훈련 체크 ☐☐☐☐☐☐☐☐☐☐

Part 4 한–영 훈련

① 어떤 면에서는 당신이 나를 배신한 느낌이에요.
② 저분을 여기에 데려오고… 이건 전혀 공평하지 않아요.
③ 저는 그냥… 아이들을 데리고 나오고 싶었어요.
④ 네, 그건 좋은데….

> **TIP** 소리튜닝 배운 대로 하루 동안 틈나는 대로 무한 반복해서 외우세요! 한글을 보면서 영어문장이 자동적으로 떠오를 때까지.

훈련 체크 ☐☐☐☐☐☐☐☐☐☐

Part 5 표현 저널 쓰기 Expression journal

in a way

어느 정도는 / 어떤 면에서
to some extent / from one point of view

> 오늘의 문장 ①에서는 무슨 돈을 떼어먹었거나 그런 심각한 배신은 아니죠. 그래서 in a way를 붙여 '어느 정도는' 이것도 배신 아니냐? 이런 뉘앙스를 살려 주기 위해 이 표현을 썼습니다.

1. In a way, I hope he doesn't win.
   (어떤 면에선 그가 이기지 않으면 좋겠어.)
2. In a way it's true.
   (어떤 면에서 그건 사실이야.)
3. In a way, you're right!
   (어떤 면에선 니가 옳아!)
4.

5.

Day 11 대표문장

That's what I wanna do
저게 내가 하고 싶은 거야

배우 줄리안 무어의 스크린 테스트 인터뷰 영상입니다. 2010년 2월 26일 미국 잡지 〈매거진 T〉 공식 홈페이지에 공개되었는데, 어쩌다가 영화를 하게 되었는지에 대한 질문에 대답하고 있습니다.

Part 1 오늘의 예습 Today's Preview

① But you know,
  I just didn't think of movies that way.
② And for the first time, I thought,
③ "Who is that?" you know,
  "Who made that movie?"
④ And I thought, "That's what I wanna do."

① 근데… 영화를 그런 식으로 생각해본 적 없어요.
② 처음으로, 생각했어요.
③ "저게 누구지?" "누가 저 영화를 만들었지?"
④ 그리고 "저게 내가 하고 싶은 거야."라고 생각했어요.

단어와 표현

* movie ['muːvi 무비] ① 영화
* for the first time 처음으로

Part 2 오늘의 소리튜닝 Today's Vocal Tuning

소리튜닝 Day11

① **But** you know,
   d   d   d

   I just **didn't think** of **mo**vies that **way**.
   d d   D   D'   d   D   d   D'

② And for the **first time**, I **thought**,
   d   d   d   D   D'   d   D

③ "**Who** is **that**?" you know,
     D'   d   D   d   d

   "Who **made** that **mo**vie?"
          D   d   D

④ And I **thought**, "**That**'s what I **wanna do**."
   d d   D   D   d   d   D'   D

Main Sentence

That's what I **wanna do**.
 D   d   d   d D'   D

That's(D d). That은 지시사니까 내용어입니다. 힘 들어가죠. is는 힘을 주지 않습니다.

what I wanna. what은 의문사지만 문장 중간에 있는 경우에는 힘을 주지 않습니다. I도 마찬가지입니다. wanna가 내용어입니다. 하지만 do에서 터질 것이기 때문에 많은 힘을 주지는 않았어요. wanna는 want to를 빠르게 발음한 것입니다.

That's what I wanna. **That**에 힘주고 올라오는 힘에 뒤의 것 처리할게요. 그리고 do에서 훅! 나갑니다. **That**'s what I wanna **do**.

① **But** you know,
     d   d   d

I just **didn't think** of **mo**vies that **way**.
d d   D   D' d D   d D'

But you know. you know는 추임새, filler입니다. '유 노', 이렇게 두 호흡을 주시면 안 되고 한 호흡에 끝내셔야 합니다. 힘없이 빠르게 하는 느낌입니다. but 다음에 you 하니까 살짝 끊어지는 느낌입니다. 연음이 아니라 끊어지는 느낌이죠.

> **TIP**   영어에서는 filler가 굉장히 자연스럽죠. 영어는 생각하고 말하는 것보다 계속 입으로 뭔가 말합니다. you know, well, I guess, umm, I mean, yeah. 말하면서도 머릿속은 계속 생각하고 있습니다. 어떤 의미가 있는 게 아니라 생각의 버퍼링입니다. 그러니까 여기에 힘을 줘서 강조하면 안 되겠지요?

I just **didn't** think of. 이 문장에서 내용어는 didn't와 think입니다. 어디다 힘 줄지는 화자가 결정하면 됩니다. 여기서는 **didn't**에 힘을 줘서 d d D d d로 했습니다. 그래서 think에 힘을 덜 주기는 하지만 think도 내용어니까 '띵크! 오브!' 두 호흡으로 소리 내지 않고 think에 훅! 나가주고 돌아오는 소리에 of 처리해줍니다. 소리가 들어와야 다시 **mo**vie에서 훅 하고 나갈 수 있습니다.

that way(d D). that way 할 수도 있지만 여기는 way에 조금 힘줬습니다.

But you know, I just **didn't** think of **mo**vie that way.

② And for the **first time**, I **thought**,
　 d　 d　 d　　D　　D' d　　D

for the **first** time(d d D D'). first와 time 중에 어디에 힘을 줄지 결정하면 됩니다. 영상에서는 first에 힘이 더 훅 들어갔어요.
I **thought**(d D). I에서 준비하고 **thought**에서 훅! 뱉어주세요.

for the **first** time I **thought**. 나는 처음으로 생각했다.

③ "**Who** is **that**?" you know,
　　D' d　D　　 d　　 d

"Who **made** that **mo**vie?"
　　　D　 d　　 D

Who(D d D). 의문사니까 내용어입니다. 이 영상에서는 Who가 that보다 힘이 덜 들어갔어요. 내용어들 사이에 힘 조절을 통해 뉘앙스를 다르게 갈 수 있습니다.
Who is **that**? 저 사람 누구지? 이렇게 처음에 생각했다는 뜻입니다.
you know, "Who **made** that **mo**vie?" Who에 힘을 줄 수도 있고 made도 힘줄 수 있고, movie에 힘줄 수도 있습니다. 영상에서는 made와 movie에 힘이 좀 더 들어갔지요. d D d D 리듬이죠. 다 힘 줄 수는 없으니까요.
Who **made** that **mo**vie? 그 영화 누가 만들었지?

④ And I **thought**, "**That**'s what I **wanna do**."
　 d　d　　D　　　　D　d　d　d　D'　 D

And I **thought**(d d D). 그리고 생각했어, 뭐라고?
That's what I wanna **do**. 저게 내가 하고 싶은 일이야.

자, 이제 몸으로 암기하는 소리튜닝 반복훈련을 시작해볼까요?

Part 3 소리 반복훈련

🎧 MP3 파일 듣기

① **But** you know,
　I just **didn't think** of **mo**vies that **way**.
② And for the **first time**, I **thought**,
③ "**Who** is **that**?" you know,
　"Who **made** that **mo**vie?"
④ And I **thought**, "**That**'s what I **wanna do**."

> **TIP**　완전히 외울 때까지 발음하면서 Writing도 반복하세요!

훈련 체크　☐☐☐☐☐☐☐☐☐☐

Part 4 한-영 훈련

① 근데… 영화를 그런 식으로 생각해본 적 없어요.
② 처음으로, 생각했어요.
③ "저게 누구지?" "누가 저 영화를 만들었지?"
④ 그리고 "저게 내가 하고 싶은 거야."라고 생각했어요.

> **TIP**　소리튜닝 배운 대로 하루 동안 틈나는 대로 무한 반복해서 외우세요! 한글을 보면서 영어문장이 자동적으로 떠오를 때까지.

훈련 체크　☐☐☐☐☐☐☐☐☐☐

Part 5 표현 저널 쓰기 Expression journal

That's what I wanna do

그게 내가 하고 싶은 거야

> That's what I wanna. 동사만 바꾸면 새로운 문장이 됩니다.
> **That**'s what I wanna **hear**! (그게 바로 내가 듣고 싶은 거야!)
> **That**'s what I wanna **say**! (그게 바로 내가 말하고 싶은 거야!)
> **That**'s what I wanna **know**! (그게 바로 내가 알고 싶은 거야!)
> **That**'s what I wanna **buy**! (그게 바로 내가 사고 싶은 거야!)
> **That**'s what I wanna **see**! (그게 바로 내가 보고 싶은 거야!)

1. That's what I wanna do!
   I'm going to win a gold medal in Olympics.
   (그게 내가 하고 싶은 거야! 나 올림픽 가서 금메달 딸 거야!)

2. If that's what you wanna do.
   (이게 니가 원하는 거라면.)

3. Find out what you wanna do!
   (네가 하고 싶은 것을 찾아라!)

4.

5.

Day 12
대표문장

I will say
그건 인정해요

2014년 5월 30일, 영국 BBC 〈그레이엄 노튼 쇼(The Graham Norton Show)〉에 배우 에밀리 블런트와 톰 크루즈가 출연했습니다. 긍정 대마왕인 톰크루즈의 정신을 에밀리 브런트가 어떻게 짓밟았는지에 대해 질문하고 있습니다.

Part 1   오늘의 예습 Today's Preview

MP3 파일 듣기

① The, you know, "we can do this."
② He is.
③ Is it true that Emily Blunt did break your spirits?
④ It was a particularly hard day, I will say.
⑤ It was a very hard day.

① "우린 할 수 있어." 뭐 이런 거요.
② 톰이 그렇죠.
③ 에밀리 블런트 씨가 그 에너지를 짓밟은 게 사실인가요?
④ 특히나 힘든 날이었어요. 그건 인정해요.
⑤ 아주 힘든 날이었어요.

단어와 표현

* break [breɪk 브뤠이ㅋ]
   ① 깨지다, 부서지다 ② 깨다, 부수다 ③ 고장나다, 고장내다
* spirit [ˈspɪrɪt 스삐릿] ① 정신, 영혼 ② 기분, 마음 ③ 기백, 활기
* particularly [pərˈtɪkjələrli 펄티큘러리] ① 특히, 특별히

Part 2 오늘의 소리튜닝 Today's Vocal Tuning

소리튜닝 Day12

① The, you know, "we can **do** this."
   d d   d   d d **D** d

② He **is**.
   d **d**

③ Is it **true** that **E**mily **Blunt** did
   d d **D**   d   **D** **D'**   d

   break your **spi**rits?
   D   d   **D**

④ It was a par**ti**cularly **hard day**, I will **say**.
   d d d   **D**   **D** **D'** d d **D**

⑤ It was a **ve**ry **hard day**.
   d d d **D** **D'** **D'**

Main Sentence

I will **say**.
d d   **D**

I will **say**(d d D). 정말 쉬운 리듬입니다.

① The, you know, "we can **do** this."
   d d   d   d d **D** d

<u>you know</u>. 그러니까, 너도 알다시피 이 말 하고 다니잖아.
<u>we can **do** this</u>(d d D d). we can 힘주지 않아요. 이 리듬 먼저 연

습하세요. 고개를 움직이든 손을 움직이든 리듬을 느낄 수 있게요. 그리고 이 리듬이 편해지면 영어를 대입해봅니다. d 음소단위 제대로 해서 소리 냅니다.

> **음소단위** d
>
> d와 t는 한 쌍입니다. t는 이미 배웠어요. 혀를 치경(입천장에서 톡 튀어나온 부분)에 댑니다. 혀의 완전 끝이 아니고, 혀의 앞부분입니다. 입천장과 혀가 닿는 단면적이 좀 있어야 그 만큼 힘이 더 들어갑니다. 완전 혀 끝을 위치시키면 일단 부자연스럽고 단면적이 작아서 소리가 크게 안 터져 나와요. 그 상태에서 소리 없이 나오면 t 소리인 거고 거기에서 소리를 주면 d 소리가 나오는 겁니다.

② He **is**.
　　d　d

He **is**는 힘 들어가는 부분이 없어요. 기능어죠. 그럼에도 불구하고 **is**에 힘을 줬어요. 기능어에 힘주지 않고 내용어에 힘을 준다는 규칙에서 벗어났죠. 이건 언어지 수학이나 과학처럼 공식에서 절대 벗어나면 안 되는 게 아닙니다. 충분히 표현하고자 하는 뉘앙스에 따라 벗어날 수 있습니다.

③ Is it **true** that **E**mily **Blunt** did **break** your **spi**rits?
　　d d　D 　　d　　D　　　D'　d　　D　　d　　D

Is it **true**(d d D). true는 '트루' 라고 발음하지 않습니다. tr 발음은 입모양을 '추' 라고 하고 훅! 던져주시면 정확한 소리가 나옵니다.

> **TIP**   보통 영어에서 이름을 표기할 때 이름 + 성 이렇게 표기하죠. 사람 이름은 보통 이름에 힘이 들어갑니다.

that **E**mily Blunt **did** break. 힘 빼고 준비했다가 훅! 하고 넣는 거예요.

break. 한 호흡에 끝내는 거죠. did break는 broke라는 과거형을 쓰면 되는데 굳이 did를 썼습니다. 이런 식으로 하면 broke라고 쓰는 것보다 훨씬 강조되는 느낌을 살릴 수 있습니다.

spirit은 '스피리트' 이렇게 발음하시지 않습니다. s 다음에 나오는 p는 된소리가 나서 '스뻐릿'이라고 소리 내줍니다. **spi**rit 훅! 하고 한 호흡에 던져서 끝냅니다.

> **TIP** s 다음에 p니까 역시 된소리가 나오죠. 그래서 s 샜다가 p. 그래서 '삐'라고 발음하죠.

did **break** your **spi**rits?(d D d D). 그런데 의문문이니까 뒤에 음을 올려줍니다.

Is it **true**
Is it **true** that **E**mily Blunt did
Is it **true** that **E**mily Blunt did **break** your **spi**rits?
긴 문장은 이렇게 각각 의미단위를 연습하고 연결해줍니다.

④ It was a par**ti**cularly **hard day**, I will **say**.
　　d　d　d　　D　　　D　D' d　d　D

It was a(d d d).
It was a par**ti**cularly(d d d D). par에서 나갈 준비하고 **ti**에서 소리 훅 나가고 들어오는 소리로 cularly 발음 처리해줍니다.
It was a par**ti**cularly **hard** day. hard day는 d에서 끝나고 d로 시작하죠. 이런 경우 하나가 빠집니다. 그래서 'harday' 이렇게 이어서 한 단어처럼 소리 내줍니다.

It was a par**ti**cularly **hard** day, I will **say**. 진짜 인정해. 나 그날 되게 힘든 날이었어.

⑤ It was a **ve**ry **hard day**.
　　d　d　d　D　　D'　D'

It was a. 또 나오죠. d d d 리듬! 복화술하듯 성의 없이 해주다가 **ve**ry에서 훅! 하고 윗니로 아랫 입술 물고 터져줍니다. hard day는 **ve**ry에서 나갔다 들어오는 소리로 처리해줍니다.

It was a **ve**ry **hard** day. hard에도 힘주고, **ve**ry에도 힘 주다 보니까 살짝 끊어진 느낌이 있어요.

자, 이제 몸으로 암기하는 소리튜닝 반복훈련을 시작해볼까요?

I can learn anything! I can know anything! I can be anything!
나는 무엇이든 배울 수 있다. 나는 무엇이든 알 수 있다.
나는 무엇이든 될 수 있다.

Part 3 소리 반복훈련

 MP3 파일 듣기

① The, you know, "we can **do** this."
② He **is**.
③ Is it **true** that **E**mily **Blunt** did **break** your **spi**rits?
④ It was a par**ti**cularly **hard day**, I will **say**.
⑤ It was a **ve**ry **hard day**.

> **TIP** 완전히 외울 때까지 발음하면서 Writing도 반복하세요!

훈련 체크 ☐☐☐☐☐☐☐☐☐☐

Part 4 한-영 훈련

①"우린 할 수 있어." 뭐 이런 거요.
②톰이 그렇죠.
③에밀리 블런트 씨가 그 에너지를 짓밟은 게 사실인가요?
④특히나 힘든 날이었어요. 그건 인정해요.
⑤아주 힘든 날이었어요.

> **TIP** 소리튜닝 배운 대로 하루 동안 틈나는 대로 무한 반복해서 외우세요! 한글을 보면서 영어문장이 자동적으로 떠오를 때까지.

훈련 체크 ☐☐☐☐☐☐☐☐☐☐

Part 5 표현 저널 쓰기 Expression journal

I will say

완전 인정해! 동의해! (구어체)
That's very true, I really agree, absolutely

직역하면 무슨 뜻이죠? '내가 말할 거야.' 뒤에 뭐가 생략된 느낌입니다. I will say that. '나도 그렇다고 말할 거야.'입니다. That's really true. '완전 사실입니다.'라는 말이죠. 예를 들어 친구랑 레스토랑에 갔는데, Wow, this place is awesome. '여기 너무 좋대'라고 친구가 얘기했을 때, '완전 인정, 진짜 좋다. 그러니까 말이야.'라고 맞장구 치고 싶을 때 쓸 수 있겠죠.

1. A: Does he eat a lot? (그 사람 많이 먹어?)
   B: I'll say! (완전!)
2. A: This place has everything! (여기엔 모든 게 다 있어!)
   B: I'll say! (그러니까 완전!)
3. A: Did he enjoy his party? (걔가 파티 즐겼대?)
   B: I will say he did! (완전! 즐겼지.)
4.

5.

Day 13
대표문장

I keep asking myself
저도 제 자신에게 계속 물어봐요

2017년 11월 1일, 영국 BBC 'Radio 1' 채널에서 영화 '어벤져스' 시리즈의 '헐크' 역으로 유명한 배우 마크 러팔로의 인터뷰 영상이 공개되었습니다. 마크가 어떻게 헐크가 될 수 있었는지 물어보는 장면입니다.

Part 1 오늘의 예습 Today's Preview

MP3 파일 듣기

① You're Hulk.
② How the heck did that happen?
③ I keep asking myself that all the time.
④ I have no idea.

① 당신은 헐크잖아요.
② 도대체 어떻게 그런 일이 일어난 거예요?
③ 저도 항상 제 자신에게 물어봐요.
④ 모르겠어요.

단어와 표현

* **heck** [hek **헥**]   젠장, 제기랄
* **happen** ['hæpən **해쁜**]   (특히 계획하지 않은 일이) 있다, 발생하다
* **all the time**   내내, 아주 자주, 쉴 새 없이

114

Part 2 오늘의 소리튜닝 Today's Vocal Tuning

① You're **Hulk**.
　d　d　**D**

② **How** the **heck** did that **ha**ppen?
　D'　d　**D**　d　d　**D**

③ I **keep a**sking myself that **all** the **time**.
　d **D' D**　　　d　　d **D** d　**D'**

④ I **have no** i**dea**.
　d **D' D　D'**

Main Sentence

I **keep a**sking myself
d **D' D**　　　d

I 힘 들어가지 않고, **keep** 힘 들어가죠.
keep asking. 둘 다 힘이 들어갔는데 **a**sking에 좀 더 힘이 들어간 느낌이죠. keep v(동사)-ing는 뭔가 계속한다는 뉘앙스를 살릴 수 있습니다.

> **TIP**　asking
> 이때 a는 큰 '아'입니다. apple의 a(아)죠. 입을 크게 벌리셔야 합니다.

I keep asking myself. 저도 제 자신에게 물어봐요.

① You're **Hulk**.
　d　d　**D**

You're **Hulk**(d d D). 너 헐크잖아. 기본 리듬입니다. h 음소단위 소리 '하~' 하고 제대로 훅 뱉어주세요!

② **How** the **heck** did that **ha**ppen?
　D'　d　**D**　d　d　**D**

How did that(D' d d). 내용어 How에 살짝 힘 들어갑니다. h 소리 제대로 해서 훅! 던지고 들어오는 소리에 did that 처리해줍니다. How did that. 그 다음에 다시 한 번 나가죠. **ha**ppen.

How did that **ha**ppen? 이렇게 되죠. 원래 사회자가 하고 싶었던 말도 이것입니다.

> **TIP**　happen할 때 입을 크게 벌리세요. 그 다음 p에 강세가 없으면 보통 된소리가 납니다. 그래서 '해픈'이라고 소리내지 않고, '해쁜'이라고 소리 냅니다.

그런데 실제로는 중간에 the **heck**이 끼어 있습니다.
'어떻게 이런 일이 일어났냐?' **How** did that **ha**ppen? 이 문장에 the **heck**이 들어가면 '도대체 어떻게 이런 일이 일어났냐?'는 질문이 됩니다. 조금 강조해서 말하는 느낌이죠. **heck**은 강조하려고 쓰는 거니까 소리를 훅 던져줍니다.

How the **heck** did that **ha**ppen?

> **TIP**　이 표현 들어보셨나요? What the heck? 원래 What the hell?을 많이 쓰는데 hell은 지옥이잖아요. 기독교 문화에서 지옥이라고 언급하는 걸 안 좋아할 수 있겠죠? 그래서 hell 하지 않고 heck으로 바꿔서 많이 씁니다.

③ I **keep a**sking myself that **all** the **time**.
　 d　D' 　D　　　　 d　　d　D　d　D'

I keep **a**sking myself. 답을 모를 때 쓰는 말입니다. '저도 몰라요, 저도 알고 싶네요.'라는 의미입니다.
all the time. all에 힘주고 D d D'. **t**ime 할 때 t 소리 제대로 나가야 합니다.
I keep **a**sking myself that **all** the time.

> **음소단위**　t
>
> 보통 t 발음할 때 어떻게 발음하나요? 한국어로 '텐트'하면 혀가 어디에 있나요? 혀가 이빨 사이에 있습니다. 그것은 한국어 ㅌ입니다. t 발음을 ㅌ으로 발음하면 안 된다는 것입니다. 경구개 툭 튀어나온 부분에 대고 조금 힘들게 터져줍니다. 발음을 제대로 하면 아주 쉬운 영어인 time을 말해도 소리가 고급스러워집니다.

> **음소단위**　Dark l
>
> l 발음이 끝에 있는(모음 뒤에 나오는) l은 Dark l이라고 합니다. 우리가 보통 알고 있는 l은 light l이라고 해요. Dark l은 혀를 입안 쪽으로 약간 끌어온다는 느낌으로 약간 '얼'하면서 입안 쪽으로 당기는 느낌입니다.

④ I **have no i**dea.
　 d　D'　 D　 D'

I have **no** idea. I 빼고 have **no** idea 다 내용어입니다. 기본적으로 다 힘 줄 수 있습니다. 그런데 내용어 중에서도 최고봉은 부정어입니다. 부정어가 제일 센 편이죠. 그래서 **no**에 힘이 제일 들어갑니다.

자, 이제 몸으로 암기하는 소리튜닝 반복훈련을 시작해볼까요?

| Part 3 | 소리 반복훈련 |

 MP3 파일 듣기

① You're **Hulk**.
② **How** the **heck** did that **ha**ppen?
③ I **keep a**sking myself that **all** the **time**.
④ I **have no** i**dea**.

> **TIP** 완전히 외울 때까지 발음하면서 Writing도 반복하세요!

훈련 체크 ☐☐☐☐☐☐☐☐☐☐

| Part 4 | 한-영 훈련 |

① 당신은 헐크잖아요.
② 도대체 어떻게 그런 일이 일어난 거예요?
③ 저도 항상 제 자신에게 물어봐요.
④ 모르겠어요.

> **TIP** 소리튜닝 배운 대로 하루 동안 틈나는 대로 무한 반복해서 외우세요! 한글을 보면서 영어문장이 자동적으로 떠오를 때까지.

훈련 체크 ☐☐☐☐☐☐☐☐☐☐

Part 5 표현 저널 쓰기 Expression journal

keep asking

계속 궁금증을 갖고 물어보다

어떻게 이런 일이 너에게 일어나냐? 네가 어떻게 거기 취업을 했어? 대단하다. 그러면 이렇게 대답할 수 있죠. I keep asking myself that all the time.

1. People keep asking why I don't have children.
   (사람들이 왜 내가 애가 없는지 자꾸 물어봐요.)

2. Why do I keep asking myself if I'm gay?
   (내가 게이인지 왜 계속 스스로에게 질문해야 하죠?)

3. 'What do you want most to do?'
   That's what I have to keep asking myself,
   in the face of difficulties.
   ('가장 하고 싶은 것이 뭐야?' 그게 어려움을 맞닥뜨렸을 때 내 자신에게 계속 물어봐야 하는 거예요.)

4.

5.

Day 14 대표문장 Are you guys ready?
준비됐니?

2016년 6월 8일, 호주의 모델 미란다 커가 미국의 잡지 〈배너티 페어(Vanity Fair)〉와 인터뷰를 가졌습니다. 호주 출신인 미란다 커가 아이들에게 호주 영어를 가르치게 되었습니다.

Part 1 오늘의 예습 Today's Preview

MP3 파일 듣기

① So you're gonna teach me and three children.
② I'll do my best.
③ Bring on the children!
④ Come on down.
⑤ Are you guys ready to learn Australian?

① 그래서 당신이 나와 3명의 아이들을 가르칠 거죠.
② 최선을 다 할게요.
③ 아이들을 데리고 오세요.
④ 내려서 오렴.
⑤ 너희들 호주말 배울 준비됐니?

단어와 표현

∗ **teach** [tiːtʃ **티취**] ① 가르치다, 교사를 하다 ② 알려주다 ③ 깨닫게 하다
∗ **children** [tʃíldrən **췰드런**] child의 복수 – 아이들

Part 2 오늘의 소리튜닝 Today's Vocal Tuning

소리튜닝 Day14

① So you're gonna **teach** me
   d d d d   D   d

and **three chil**dren.
 d   D' D

② I'll **do** my **best**.
   dd D d   D

③ **Bring** on the **chil**dren!
   D   d d D

④ **Come** on **down**.
   D   d   d

⑤ Are you **guys ready** to **learn Austra**lian?
   d   d   D'   D   d D'   D

Main Sentence

Are you **guys ready**?
d   d   D'   D

<u>Are you **rea**</u>dy? 너 준비됐니? 이 문장에 guys를 붙이면 조금 더 친근한 의미를 주는 느낌입니다.

<u>Are you</u>(d d). 기능어이므로 힘이 들어가지 않습니다.

<u>Are you **rea**</u>dy(d d D). guys는 힘을 많이 주지는 않았습니다. 내용어 중에 훅! 뱉지 않는 내용어로 처리합니다. <u>Are you guys **rea**</u>dy?(d d D' D) 친구나 자녀들에게도 쓸 수 있는 표현이죠. 어디 나가려고 하는데 준비를 덜 되고 있다면, Are you guys **ready**?

> **음소단위** r
>
> 정확한 영어 소리는 혀, 입술, 이, 조음기관이 결정을 합니다.
>
> 음소단위 r은 살짝 어려울 수 있는 부분입니다. r은 혀의 옆 날개의 윗부분과 윗니의 어금니가 닿습니다. 보통 혀를 꼬려고 애를 쓰는데, 혀는 편하게 둡니다. 꼬려고 애쓰지 말고 차라리 펴는 게 낫습니다. 혀의 옆 날개의 윗부분과 어금니가 서로 닿는 느낌에만 집중하세요. 입을 벌린 상태에서 하는 게 편할 수 있어요.
>
> 그 상태에서 입모양은 '우'입니다. r 소리를 낼 때는 항상 '우' 하고 소리 내줍니다.
>
> ex) really [우**뤼**얼리]
>   ready [우**뤠**디]

① So you're gonna **teach** me and **three chil**dren.
   d   d   d   d   D   d   d   D'   D

<u>So you're gonna</u>. 복화술처럼 합니다. 기능어 처리는 입의 긴장이 하나라도 있으면 안 됩니다. 그리고 다음 내용어에 훅 하고 나갑니다.

<u>So you're gonna **teach**</u>. **teach**, **t** 발음할 때 배에 힘이 들어가는 느낌, 긴장되는 느낌이 있으셔야 합니다.

<u>So you're gonna **teach** me?</u>

<u>and three</u>. and는 정말 강조할 때 아니면 강조해서 쓰지 않습니다. 한국어로 '은' 정도밖에 소리내지 않습니다. three와 **chil**dren은 둘 다 힘을 줄 수도 있습니다. 그런데 영상에서는 **chil**dren에 힘을 주었습니다.

<u>and three **chil**dren</u>. 전부 한 호흡입니다. 마치 'andthree**chil**dren'이라는 한 단어의 1강세가 **chil**이고 2강세가 three라는 느낌으로 한 호흡으로 처리해 줍니다.

<u>So you're gonna **teach** me and three **chil**dren</u>. 볼드체 한 부분만 훅! 살려주고 나머지는 편하게 이어줍니다.

② I'll **do** my **best**.
　　dd　D　d　　D

I'll 먹고 훅 I'll **do**.
dd 하고 훅 D! 던지고 my에서 또 먹고 **best**에서 또 던져줍니다. I'll **do** my **best**.

③ **Bring** on the **chil**dren!
　　D　　d　　d　　D

Bring on. **bring**에 힘이 들어갔어요. 보통 on 발음도 전치사니까 기능어죠. 그래서 '온' 이렇게 발음하는 경우 거의 없습니다. 멍청하게 '언' 정도로 힘을 빼고 성의 없이 소리 내줍니다.

④ **Come** on **down**.
　　D　　d　　d

Come on **down**. **come**에 힘주고 **down**에 훅! 힘이 들어갔어요.

> **음소단위**　d
>
> down 발음 어떻게 하시나요? '따운'하지 마세요. t 발음 어떻게 했었죠? 입 천장 톡 튀어나온 부분에 혀를 대고 발음합니다. t는 무성음이에요. d는 유성음이죠. 입모양은 똑같아요. 유성음이란 목소리에 소리를 내주는 겁니다. 무성음은 그냥 바람 불듯이 소리를 안 넣는 거예요.

> **TIP**　Come on까지만 하면 "이리 와."라는 뜻입니다.

⑤ Are you **guys ready** to **learn Australian**?
　　d　d　D'　　D　d　D'　　　D

Are you guys **ready**. 대표문장이었죠. 대표문장 부분에서는 여기까지만 했는데 사실 더 있었어요.

learn Au**stra**lian. 호주 말이라는 사실이 중요하니 여기에 힘을 팍 줬습니다.

Are you guys **ready**.
Are you guys **ready** to learn Au**stra**lian?

> **소리규칙**　Australian에서 tr 소리가 나옵니다. '어스트레일리안' 이라고 소리 내지 않고 '어스츄레일리안' 이런 느낌으로 소리 냅니다. tr은 입모양을 '츄'라고 했을 때 편하게 나옵니다.

자, 이제 몸으로 암기하는 소리튜닝 반복훈련을 시작해볼까요?

**원래 영어를 너무 못하는데,
가능할까요?**

외국어를 배우는 데 있어서 자신의 기본 능력이나 실력은 그렇게 중요하지 않습니다.

그것보다 중요한 것은 내면에 있는 영어에 대한 의식의 변화죠. 영어는 공부가 아니라 기계적인 훈련이므로 누구나 잘할 수 있는 운동입니다. 이때까지 영어를 못했던 것은 자신이 잘하고 싶은 부분을 충분히 연습하지 않았기 때문입니다. 즉, 누구나 이 훈련 단계를 넘어서면 영어를 잘할 수 있어요!

Part 3   소리 반복훈련

 MP3 파일 듣기

① So you're gonna **teach** me and **three chil**dren.
② I'll **do** my **best**.
③ **Bring** on the **chil**dren!
④ **Come** on **down**.
⑤ Are you **guys ready** to **learn Australian**?

> **TIP** 완전히 외울 때까지 발음하면서 Writing도 반복하세요!

훈련 체크 ☐☐☐☐☐☐☐☐☐☐

Part 4   한-영 훈련

① 그래서 당신이 나와 3명의 아이들을 가르칠 거죠.
② 최선을 다 할게요.
③ 아이들을 데리고 오세요.
④ 내려서 오렴.
⑤ 너희들 호주말 배울 준비됐니?

> **TIP** 소리튜닝 배운 대로 하루 동안 틈나는 대로 무한 반복해서 외우세요! 한글을 보면서 영어문장이 자동적으로 떠오를 때까지.

훈련 체크 ☐☐☐☐☐☐☐☐☐☐

Part 5 표현 저널 쓰기 Expression journal

be ready to do something

to be going to do something immediately

> 곧 뭔가를 하려고 할 때 씁니다. 딱 준비된 상태죠. 혹은 무언가를 위해 기꺼이 하겠다는 의미입니다. '어떤 준비가 되어 있어.'라고 할 때 준비됐니? '~할 준비'라고 하면 to부정사로 연결시켜놓으면 되는 것입니다.

1. I'm always ready to help you.
   (나는 항상 너를 도와줄 준비가 되어 있어.)

2. She looked ready to burst into tears.
   (그녀는 금방이라도 눈물을 터뜨릴 것 같았어.)

3. These men are ready to die for their country.
   (이 사람들은 국가를 위해 죽을 준비가 되어 있다.)

4.

5.

Review — 2주차 한영 훈련 중첩 복습

자 이제 14일차까지 끝내셨습니다! 반복 연습은 얼마나 하셨나요? 모두 기억하고 계신가요? 지금까지 배운 8강~14강을 복습해봅시다! 다음 한글 표현에 맞게 영어문장을 떠올리고 소리튜닝하여 발음해보세요! 자동적으로 떠오르지 않는다면 다시 한영 반복훈련하세요!

DAY 8
① 그래서 거기에 당신들이 있었어요.
② 당신이 거기서 정말 멋진 옷을 입고 있었어요.
③ 그 옷 사진을 보여주고 싶네요.
④ 그거 사실 남자 옷이에요, 믿기 힘들겠지만.

DAY 9
① 그래서, 이런 거죠.
② 만약 그게 10점이라면, 이건 4정도였어요.
③ 그렇네요. 극복할 수 있는 정도네요. 그건 감당할 수 있잖아요.
④ 제가 감당할 수 있어요.

DAY 10
① 어떤 면에서는 당신이 나를 배신한 느낌이에요.
② 저분을 여기에 데려오고… 이건 전혀 공평하지 않아요.
③ 저는 그냥… 아이들을 데리고 나오고 싶었어요.
④ 네, 그건 좋은데….

DAY 11

① 근데… 영화를 그런 식으로 생각해본 적 없어요.
② 처음으로, 생각했어요.
③ "저게 누구지?" "누가 저 영화를 만들었지?"
④ 그리고 "저게 내가 하고 싶은 거야."라고 생각했어요.

DAY 12

① "우린 할 수 있어." 뭐 이런 거요.
② 톰이 그렇죠.
③ 에밀리 블런트 씨가 그 에너지를 짓밟은 게 사실인가요?
④ 특히나 힘든 날이었어요. 그건 인정해요.
⑤ 아주 힘든 날이었어요.

DAY 13

① 당신은 헐크잖아요.
② 도대체 어떻게 그런 일이 일어난 거예요?
③ 저도 항상 제 자신에게 물어봐요.
④ 모르겠어요.

DAY 14

① 그래서 당신이 나와 3명의 아이들을 가르칠 거죠.
② 최선을 다 할게요.
③ 아이들을 데리고 오세요.
④ 내려서 오렴.
⑤ 너희들 호주말 배울 준비됐니?

Special Class
갓주아의 2주차 소리튜닝 특강
– 음소단위를 외우고 호흡 훈련하세요!

음소단위 훈련은 왜 해야 하나요?

우리 귀에 영어 소리가 꽂히지 않고 흩어져 버리는 경험을 해본 적 있나요? 한국어와 영어의 소리값이 서로 달라서 귀에서 소리가 탈락해서 우리 귀에 들리지 않는 것입니다. 그래서 영어의 최소 소릿값을 계속 우리 귀에 익숙하게 만들면 점점 탈락되는 현상 없이 잘 들리게 됩니다.

예컨대 미국의 6살짜리 어린이 톰을 생각해봅시다. 6살이 된 톰은 과거에 엄마의 뱃속에서부터 영어소리를 듣고 자랍니다. 물론 의미는 전혀 몰라도 일단 영어소리에 익숙해지는 것입니다. 태어나서도 의미는 모르지만 소리가 들리니 그걸 따라하면서 배워갑니다. 때문에 영어를 외국어로 배우는 우리가 가장 먼저 해야 할 과정은 영어소리에 익숙해지는 것입니다.

s	t	p	n	m	a	e	i	o
sat	tap	pan	nose	mat	ant	egg	ink	otter
g	d	c k	r	h	u	ai	ee	igh
goat	dog	click	run	hat	up	rain	knee	light
b	f	l	j	v	oa	oo	oo	ar
bus	farm	lolly	jam	van	boat	cook	boot	star
w	x	y	z	qu	or	ur	ow	oi
wish	axe	yell	zap	quill	fork	burn	now	boil
ch	sh	th	th	ng	ear	air	ure	er
chin	ship	think	the	sing	near	stair	sure	writer

그래서 영어의 음소단위를 뇌에 입력시키는 과정은 중요합니다. 음소단위를 정확한 발성, 호흡, 조음 기관을 이용해서 입모양도 함께 반복 훈련하는 겁니다. 영어의 음소단위를 다 공부하여 기억해 두신다면 리스닝이 좋아지는 것뿐만 아니라 발음이 굉장히 좋아집니다.

영어 말하기에서는 호흡이 중요합니다!

한국말을 할 때는 아무리 길게 말해도 호흡이 끊어지지 않죠? 그런데 왜 영어를 할 때만 숨이 차고 힘들까요? 이유는 간단합니다. 영어식 호흡이 되지 않아서 그렇습니다.

특히 영어식 호흡은 발성과 유기적으로 연결되어 있습니다. 제대로 된 호흡 없이는 영어식 발성이 힘듭니다. 한국어식 호흡법과 영어식 호흡법은 다릅니다. 영어식 호흡법의 기본은 복식 호흡입니다. 한국어 소리를 낼 때 목을 많이 쓰는 분들은 복식 호흡을 많이 연습해서 소리를 점점 내리셔야 해요. 그러면 기본적인 복식 호흡 훈련은 어떻게 해야 할까요?

1. 우선 몸과 뱃속에 남아 있는 숨을 모조리 빼줍니다.
2. 코로 공기를 마셔서 배와 횡경막이 팽창하는 것을 느낍니다. 이때 어깨는 올리지 않습니다.
3. 숨이 끝까지 찼다는 느낌이 들면 입으로 '아, 이, 아, 이, 아, 이'를 반복하면서, 뱃속에 있는 숨을 서서히 뺀다는 느낌으로 소리를 냅니다. '아, 이'는 영어 모음의 대표 소리인데, 영어 모음은 소리를 낼 때 어떤 저항도 받지 않고 나오는 소리입니다. 뱃소리 훈련하기에 딱 좋은 소리입니다.

Day15	**I know what you're saying**	네가 무슨 말하는지 알아
Day16	**This is what I heard**	이건 제가 들은 말이에요
Day17	**That was a lie**	그건 거짓말이었어요
Day18	**I just don't get it**	나는 그냥 이해가 안 돼
Day19	**That's annoying**	그게 짜증나요
Day20	**I'm good at basketball**	저 농구 잘해요
Day21	**I feel for you**	네 마음 이해해

Review / Special Class 3 귀에 꽂히는 영어를 하는 방법은?

Week 3

Day 15
—
Day 21

I can do all the things.
나는 뭐든지 할 수 있다.

Day 15
대표문장

I know what you're saying
네가 무슨 말하는지 알아

2016년 12월 14일, 배우 제니퍼 로렌스와 크리스 프랫이 MTV의 진행자 조쉬 호로위츠와 함께 크리스마스 콘셉트로 찍은 홍보영상이 공개되었습니다. 크리스마스에 친구 집에 놀러가서 크리스마스를 보내는 방법을 설명하는데, 조금 이상한 것 같죠?

Part 1 오늘의 예습 Today's Preview

① No. No, I think you're confusing that.
② I don't think I am.
③ Oh, you're- yeah, I know what you're saying.
④ She's giving you the commercial version.

① 아니, 아니, 네가 좀 헷갈린 거 같은데.
② 그런 거 같지 않은데.
③ 아, 네가 무슨 말하는지 알아.
④ 얘는 상업적인 버전을 말해주고 있는 거야.

단어와 표현

* **confuse** [kənˈfjuːz 컨**퓨**즈]   ① 혼란시키다   ② 혼란스럽게 만들다
* **commercial** [kəˈmɜːrʃl 커**멀**셜]   ① 상업의   ② 영리 위주의
* **version** [ˈvɜːrʒn **별**젼]
    ① (이전의 것, 비슷한 종류의 다른 것들과 약간 다른) - 판
    ② (어떤 사건에 대해 특정한 입장에서 밝힌) 설명, 생각

Part 2 오늘의 소리튜닝 Today's Vocal Tuning

소리튜닝 Day15

① No. No, I **think** you're con**fu**sing that.
　　D　 D　d　 D　　 d　 d　　　D　　　 d

② **I don't think** I am.
　d　 D'　　　D'　d　d

③ **Oh**, you're- yeah,
　 D　　d　d　　d

　I **know** what you're **say**ing.
　d　 D　　　d　　 d　d　 D

④ She's **gi**ving you the com**mer**cial **ver**sion.
　d　 d D　　　 d　　　 d　　　　D'　　　 D

Main Sentence

I **know** what you're **say**ing.
d　 D　　　d　　d　d　 D

많이 익숙한 문장입니다. 여기서 내용어는 **know**, **say**ing입니다.

<u>I **know**</u>(d D). 같은 길이가 아닙니다. 한국어 길이로 굳이 비유한다면 '나.는. 알.아.'가 아니라 '난 **알아**.'인 느낌입니다.
<u>what you're **say**ing</u>(d dd D). 연결 들어갑니다.

<u>I **know** what you're **say**ing</u>. 몸도 따라하면서 **say**ing에서 s로 새면서 훅 던져주세요.

Day 15　I know what you're saying

> **TIP** I know what you're saying
>
> 누군가 말을 하고 그 말에 대해 동의하거나 '네가 하는 말에 대해서 내가 캐치했어.' 할 때 쓸 수 있는 말입니다.

① No. No, I **think** you're con**fu**sing that.
　D　D d　D　　d　d　　　D　　　d

굉장히 의심스러운 표정을 지으면서, <u>No. No</u>.

I **think** <u>you are</u>. think에 힘들어가고 d D d d 리듬입니다.
con**fu**sing. 바나나 리듬입니다. d D d. con**fu**에서 힘 주고 sing은 힘을 주지 않고 농구공이 갔다가 돌아오는 반동으로 소리 냅니다.

that까지 연결해볼까요. I **think** <u>you're con**fu**sing that</u>.

> **TIP** I think you're confusing that
>
> '내가 볼 때 너 좀 혼동하는 것 같은데. 네가 하는 말 안 맞는 것 같은데.'라고 말할 때 쓰는 말입니다. 예를 들어서 누가 말도 안 되는 소리를 하고 있으면 'You're wrong.' 할 수도 있습니다. 그러나 '너 틀렸어.' 하면 기분이 나쁘겠죠? 조금 부드럽게 할 수 있는 말이 I think you're confusing that입니다. '네가 혼동하는 것 같은데, 사실은 안 맞는 것 같아.' 상대방이 하는 말에 대해서 반대의 의견을 부드럽게 얘기할 때 쓸 수 있는 말입니다.

② **I don't think** I am.
　d D'　　D' d　d

<u>I don't think</u>에서 원래 I는 힘이 들어가지 않는데 I don't을 통으로 발음하면서 I에 힘이 많이 들어가게 되었습니다. 한 호흡으로 I don't think. I am은 기능어이기 때문에 힘이 들어가지 않습니다. **think**에 힘 주고 빼는 힘에 I'm입니다.
뒤에 생략된 말이 있습니다. 원래는 I don't think I am confusing이겠지요?

③ **Oh**, you're- yeah, I **know** what you're **say**ing.
　　D　d　d　　d　d　**D**　　d　d　d　**D**

Oh. 깨달음의 **Oh**입니다.
you're. 이 경우 you're는 filler입니다.
I **know**(d D).

I **know** what you're **say**ing. 네가 무슨 말하는지 알아.

④ She's **gi**ving you the com**mer**cial **ver**sion.
　　d　d **D**　　d　　d　　**D**　　**D**

She's. 힘 들어가지 않습니다. 뒤의 **gi**ving에 힘 들어갑니다.
She's **gi**ving you. 무엇인가를 줍니다. 뭘 주고 있을까요? commercial version입니다. commercial version은 어디에 힘을 더 줄까요? 둘 중 어느 쪽에 힘을 줘도 괜찮지만, 영상에서는 commercial **ver**sion입니다.

She's **gi**ving you the commercial **ver**sion.

> **소리규칙**　형용사 + 명사
>
> 형용사와 명사는 둘 다 내용어이므로 어느 곳에 힘이 들어가도 상관은 없습니다. 하지만 일반적인 규칙은 형용사보다는 명사에 힘이 들어갑니다. 왜냐하면 일반적으로 형용사보다 명사가 더 중요한 정보이기 때문입니다.

자, 이제 몸으로 암기하는 소리튜닝 반복훈련을 시작해볼까요?

Part 3 소리 반복훈련

🎧 MP3 파일 듣기

① No. No, I **think** you're con**fu**sing that.
② **I don't think** I am.
③ **Oh**, you're- yeah, I **know** what you're **say**ing.
④ She's **gi**ving you the com**mer**cial **ver**sion.

TIP 완전히 외울 때까지 발음하면서 Writing도 반복하세요!

훈련 체크 ☐☐☐☐☐☐☐☐☐☐

Part 4 한-영 훈련

①아니, 아니, 네가 좀 헷갈린 거 같은데.
②그런 거 같지 않은데.
③아, 네가 무슨 말하는지 알아.
④얘는 상업적인 버전을 말해주고 있는 거야.

TIP 소리튜닝 배운 대로 하루 동안 틈나는 대로 무한 반복해서 외우세요! 한글을 보면서 영어문장이 자동적으로 떠오를 때까지.

훈련 체크 ☐☐☐☐☐☐☐☐☐☐

Part 5 표현 저널 쓰기 Expression journal

confuse

헷갈리게 하다 / 혼동하다
confuse someone or something with someone or something

1. It's easy to confuse them
   because they're so similar.
   (그들은 너무 닮아서 혼동하기 쉽다.)

2. His answers were confusing.
   (그의 답들은 헷갈리게 한다.)

3. Stop confusing the issue.
   (문제를 어렵게 만들지 마!)

4.

5.

Day 16 대표문장

This is what I heard
이건 제가 들은 말이에요

2015년 2월 27일, 미국 NBC의 〈투나잇 쇼〉에 호주의 배우 마고 로비가 출연했습니다. 마고 로비가 5명의 룸메이트랑 사는데 같이 사는 친구들이 화장지를 훔쳐간다고 말하자 진행자 지미가 "내가 들은 건 다른데?"하면서 놀리는 장면입니다.

Part 1 오늘의 예습 Today's Preview

MP3 파일 듣기

① But I heard that you steal toilet paper.
② This is what I heard,
③ This is like a rumor that I've heard.
④ From like if you go to a hotel or something, that you steal toilet paper.

① 근데 제가 듣기론 당신이 화장지를 훔친다는데요.
② 이건 제가 들은 말이에요.
③ 이건 제가 들었던 소문 같은 거예요.
④ 어디서냐면…
   만약에 호텔이나 그런 곳에 가면 화장지를 훔쳐온다고….

단어와 표현

* **toilet paper** [토일렛 페이퍼; 복합명사 앞 단어 강세 규칙]
  ① 화장실용 휴지, 화장지
* **rumor** [rúːmər 루머]   ① 소문, 풍문, 유언비어
* **steal** [stiːl 스띠얼]
  ① 훔치다, 도둑질하다   ② 살며시 움직이다

Part 2 오늘의 소리튜닝 Today's Vocal Tuning

① But I **heard** that **you steal toi**let **pa**per.
   d d   **D**   d   d   **D'**   **D**   **D'**

② This is what I **heard**,
   d   d   d d **D**

③ This is like a **ru**mor that I've **heard**.
   d   d   d   d **D**   d   d d   **D**

④ From like if you **go** to a ho**tel** or something,
   d   d   d   **D** d d   **D**   d   d

   that you **steal toi**let **pa**per.
   d   d   **D**   **D**   **D'**

Main Sentence

This is what I **heard**,
d   d   d d **D**

내용어는 this 지시사, heard 동사가 있습니다. 지시사는 내용어로서 가장 약한 내용어입니다. 그래서 힘이 들어갈 때도 있고 안 들어 갈 때도 있습니다. 영상에서도 지미는 그렇게 힘을 주지 않고 뭉개면서 소리를 냈습니다.

This is. 어떻게 처리할까요? d d. 복화술하듯 뭉개듯이 소리 냅니다.
what I **heard**(d d D). what I **heard**. what I까지 입에서 편하게 긴장 없이 한 단어처럼 소리 내고, 순간 훅 하고 h 음소단위를 제대로 내면서 **heard**를 내뱉어줍니다.

This is what I **heard**. '이게 내가 들었던 거야. 내가 말하는 거 아니고 사람들이 너 훔친다던데.' 라는 느낌으로 말해봅니다.

① But I **heard** that **you steal toi**let **pa**per.
    d d **D**   d   d **D'** **D**   **D'**

문장이 길 경우 의미단위로 잘라서 연습합니다.
But I **heard**(d d D).
that **you**. 원래 you는 힘이 들어가는 내용어가 아닙니다. 그런데 왜 **you**에 힘을 줬을까요? "**네**'가 훔쳤다며?" 이런 표현을 하고 싶었던 것입니다. 원래는 you **steal**이었겠지만, 여기서는 **you** steal 그 다음에 **toi**let paper. **toi**let paper는 앞 단어 악센트에 힘을 주고 뒤에 단어까지 이어서 소리 냅니다.
that **you** steal **toi**let paper.
익숙해지면 이제 연결하면 됩니다. But I **heard** that **you** steal **toi**let paper.

> **소리규칙**   **복합명사**
>
> toilet paper는 복합명사입니다. 복합명사는 두 개의 단어가 합쳐진 새로운 하나의 단어입니다. 복합명사의 소리 규칙은 앞 단어에 힘이 들어가고 두 단어는 한 단어처럼 이어주는 것입니다.
> ex) **news**paper. **apartment** complex.

② This is what I **heard**,
    d   d   d d **D**

대표문장입니다.

③ This is like a **ru**mor that I've **heard**.
    d   d   d d **D**   d d d   **D**

This is like a. This는 내용어이기 때문에 기본적으로 힘이 들어갈 수 있으나, 지시사의 경우 안 들어갈 때도 많습니다. This is like a까지 다 기능어로 처리한다면 매우 빠르게 소리가 나갈 수 있겠죠. 입에서 빠르고 성의 없이 처리해주고 **ru**mor에서 다시 훅 하고 뱉어줍니다. **ru**에서 훅! mor는 나갔다 들어오는 소리에 처리해 한 호흡에 던집니다. This is like a **ru**mor.

that I've **heard**(d d d D). **heard**를 제외하고는 모두 다 기능어입니다. 've같은 소리는 입 모양만 해주고 만다는 느낌으로 긴장을 주지 않습니다. 윗니가 아랫입술 살짝 무는 듯 해주세요.

This is like a **ru**mor / that I've **heard**.
This is like a **ru**mor that I've **heard**.

④ From like if you **go** to a ho**tel** or something,
       d   d   d   D d d   D   d   d

that you **steal toi**let **pa**per.
   d   d   D   D   D'

From like는 힘이 들어가는 부분이 아닙니다. 생각하면서 힘없이 말하는 느낌입니다. from like하면서 무슨 말을 할까 생각하다가 if you부터 무슨 말을 할지 생각이 난 것입니다.

if you **go** to a. 이 문장에서는 **go**를 제외하고 모두 기능어입니다. **go**도 크게 훅 뱉어주지 않았고요. 소리만 정확하게 내줍니다. d d D d d 이 리듬으로 연습하고 영어를 대입해보세요.

go to a는 '고우투어' 이렇게 하지 않습니다. to는 항상 기능어이고, t에 강세가 들어가지 않으면 ㄷ이나 ㄹ에 소리가 나옵니다. 그래서 '고우루어'라고 소리가 납니다.

다음 이 문장에서 가장 중요한 단어를 훅 뱉어줍니다. 가장 중요한 정보는 hotel이죠. 가장 정확하게 잘 들려줘야 합니다.

ho**tel**은 강세가 **tel**에 있어요. 그래서 '허**텔**' 이렇게 소리 내줍니다. from like if you go to a hotel.
or something은 내용어가 아닙니다. **tel**에서 소리를 뱉고 들어오는 소리로 처리해줍니다.

if you go to a ho**tel** or something. 네가 호텔이나 그런 데 간다면,

that you **steal toi**let paper. 그러면 너 훔친다던데.
that you에 힘 들어가지 않고 소리 던질 준비하면서 소리를 내다가 **steal**에서 훅 뱉어주세요. 훔친다는 정보가 가장 중요합니다. d d D 리듬이죠. 리듬 훈련 후 영어 대입해주세요. 그리고 이어서 **toi**에 힘주고 toilet paper. 복합명사 처리해줍니다. 이제 의미단위들을 이어서 해봅니다. 그러다 소리가 꼬이면, 꼬이는 의미단위를 다시 연습합니다.
steal 소리를 낼 때, 중요한 규칙은 s 다음에 나오는 t는 된소리가 나서 '띨'이라고 소리 냅니다. 그리고 끝에 있는 l은 dark l 이어서 소리를 낼 때 '얼' 하고 발음해준다. 그러니 'ㅅ**띠**얼' 이런 느낌으로 소리 내는 것입니다.

From like if you **go** to a ho**tel** or something, that you **steal toi**let paper.

자, 이제 몸으로 암기하는 소리튜닝 반복훈련을 시작해볼까요?

우리는 왜 영어를 못할까요?

우리는 단 한 번도 영어 소리 규칙을 배워본 적이 없습니다. 그래서 못하는 거죠.

이제 규칙을 알고 훈련을 한다면 어떨까요? 잘 할 수 있을 겁니다. 더도 말고 덜도 말고, 딱 100일만 곰이 마늘 먹듯이 해보세요. 그러면 여러분 앞에 '영어천재'로 가는 문이 활짝 열릴 것입니다!

Part 3 소리 반복훈련

 MP3 파일 듣기

① But I **heard** that **you steal toi**let **pa**per.
② This is what I **heard**,
③ This is like a **ru**mor that I've **heard**.
④ From like if you **go** to a ho**tel** or something, that you **steal toi**let **pa**per.

> **TIP** 완전히 외울 때까지 발음하면서 Writing도 반복하세요!

훈련 체크 ☐☐☐☐☐☐☐☐☐☐

Part 4 한-영 훈련

① 근데 제가 듣기론 당신이 화장지를 훔친다는데요.
② 이건 제가 들은 말이에요.
③ 이건 제가 들었던 소문 같은 거예요.
④ 어디서냐면…
   만약에 호텔이나 그런 곳에 가면 화장지를 훔쳐온다고….

> **TIP** 소리튜닝 배운 대로 하루 동안 틈나는 대로 무한 반복해서 외우세요! 한글을 보면서 영어문장이 자동적으로 떠오를 때까지.

훈련 체크 ☐☐☐☐☐☐☐☐☐☐

Part 5 표현 저널 쓰기 Expression journal

What S + V ~

S가 V하는 것

이런 식으로 쓸 수 있는 것들입니다.
내가 들은 / 말한(saw) / 느낀(felt) / 본(said) 것.

This is what I **heard**. (이게 내가 들었던 거야.)
This is what I **saw**. (이게 내가 봤던 거야.)
This is what I **felt**. (이게 내가 느꼈던 거야.)
This is what I **bought**. (내가 샀던 거야.)
This is what I **need**. (이게 내가 필요한 거야.)

1. A: Is Japan better to visit than China?
   (중국보다 일본을 방문하는 게 더 나을까?)

   B: That's what I heard because it's cleaner.
   (내가 들은 건데, 훨씬 깨끗해서 그렇대.)

2. Should I tell my parents about what I saw?
   (내가 본 것을 부모님에게 말해야 할까?)

3. I am regretting what I said to my husband last night.
   (어젯밤 내가 남편에게 했던 말을 후회하고 있어.)

4.

Day 17 대표문장

That was a lie
그건 거짓말이었어요

미국 잡지 〈배너티 페어(Vanity Fair)〉가 2017년 9월 7일 미국 영화배우 리즈 위더스푼의 인터뷰 영상을 공개했습니다. 리즈는 영화 〈금발이 너무해(Legally Blonde)〉의 주연으로 영화 중 남자친구를 따라 하버드대학교에 입학했는데, 이 장면에 대한 질문에 대답하는 장면입니다.

Part 1   오늘의 예습 Today's Preview

MP3 파일 듣기

① You said getting into Harvard wasn't hard.
② And I'm trying to get into med school, so do you have any tips?
③ Yes, don't listen to movies. That was a lie.
④ It's really, really hard to get into Harvard.

① 당신이 하버드 들어가는 게 어렵지 않다고 했잖아요.
② 제가 의과대학에 들어가려고 하는데요. 비결이 있나요?
③ 네! 영화에서 하는 말 듣지 마세요. 거짓말이었어요.
④ 하버드 들어가는 건 정말, 정말 어려워요.

단어와 표현

* **get into**   ① ~에 들어가다   ② ~을 시작하게 되다   ③ 흥미를 갖게 되다
* **med** [med 메ㄷ]   (비격식) medical(의학의, 내과의)
* **tip** [tɪp 팁]   ① (뾰족한) 끝   ② (실용적인, 작은) 조언

Part 2 오늘의 소리튜닝 Today's Vocal Tuning

소리튜닝 Day17

① You **said get**ting into **Har**vard **wasn't hard**.
    d   D   D   d   D   D   D'

② And I'm **try**ing to **get** into **med school**,
    d d d   D   d D   d   D   D'

   so do you **have** any **tips**?
   d   d d   D   d   D

③ **Yes**, **don't li**sten to **mo**vies. **That** was a **lie**.
    D   D   D'   d   D   D   d d D

④ It's **really**, **really hard** to **get** into **Har**vard.
    d d   D   D   D   d D' d   D

Main Sentence

That was a **lie**.
 D   d   d D

That은 지시사니까 내용어죠. 힘 들어가고요.

That was a(D d d) 다음에 **lie**에서 훅! 뱉어줍니다.

> **TIP**   lie
>
> 이게 하나밖에 힘이 안 들어간다고 해서 '래!이!' 이렇게 발음하시면 안 돼요.
> 1음절도 강세를 주셔야 합니다. 훅 ! 하고 힘주세요.

① You **said get**ting into **Har**vard **wasn't hard**.
　 d　D　　D　　　d　D　　　　D　　　D'

<u>You **said**</u>. d D에서 d는 반 박자 처리해줍니다. 한 번에 던지는 느낌이죠.
<u>**get**ting into</u>. get에 훅 뱉고 나머지 힘으로 into까지 갑니다. get에 힘주고 나머지는 끌어오는 힘에 가져옵니다. 그리고 다시 **Har**vard에서 훅 힘 들어가죠. H 음 소단위 제대로 내줍니다. '하바드' 다 똑같은 길이와 힘으로 발음하지 않습니다. '**할**버드' 이런 느낌으로 강세는 더 길고, 세고, 정확하게 처리해주세요.
<u>**get**ting into **Har**vard</u>. 여기까지가 주어예요.

<u>**wasn't** hard</u>. **wasn't**가 부정어이므로 힘 들어갑니다. hard도 내용어이기 때문에 힘을 주는 게 맞습니다. 그러나 둘 다 힘을 주면 끊어지기 때문에 하나를 선택합니다. 부정어가 최고봉입니다. **wasn't** 에 힘을 줍니다.
<u>**get**ting into **Har**vard **wasn't** hard</u>.

<u>You **said get**ting into **Har**vard **wasn't** hard</u>.

② And I'm **try**ing to **get** into **med school**,
　 d　d d　D　　 d　D　d　D　　 D'

　 so do you **have** any **tips**?
　 d　d　d　D　　d　D

<u>And I'm **try**ing</u>.
<u>And I'm **try**ing to get into</u>. 물론 get into에서 당연히 get에 힘을 넣어주고 into까지 나머지 힘으로 처리합니다.

소리규칙　try

발음할 때 '트라이'라고 하지 않고 '**츄라이**'라고 해줍니다. **tr**소리는 '**츄**' 하는 입모양으로 소리를 내줍니다.

> **소리규칙** 자음으로 끝나고 모음으로 시작할 경우 한 단어처럼 이어서 소리 낸다
>
> get into의 경우 t 자음으로 끝나고 i 모음으로 시작하므로 '**ge**tinto'라는 한 단어 안에 강세가 있다고 생각하고 getinto, 이렇게 소리를 냅니다.
>
> 강세가 없는 t는 ㄷ이나 ㄹ 소리가 납니다. 그래서 '겟인투'라고 소리 나지 않고 거의 '**게린루**'라고 소리가 나지요. 이런 규칙 때문에 영어를 들을 때 소리가 그냥 지나가버리는 느낌이 들기도 합니다. 그러나 규칙을 알고 자기 자신도 그렇게 소리를 내게 되면 들리기 시작합니다.

get into **med** school. **med** school. 한 단어처럼 들려야 하니까 둘 중 하나에 힘이 더 들어가고 이어서 소리를 냅니다. 영상에서 화자는 **med**에 힘이 더 주었지요. d로 끝나고 자음이 올 경우 역시, t로 끝나고 자음이 올 때처럼 호흡을 살짝 끊어줍니다.

And I'm **try**ing to get into **med** school.

> **TIP** med school
>
> med는 medical의 줄임말입니다.

so do you. so do you **have**. **have**는 '해브'라고 발음하지 않습니다. **ha** 하고 내뱉으면서 그냥 끝에는 입술을 물어주고 끝냅니다.

And I'm **try**ing to **get** into **med** school, so do you **have** any **tips**?

③ **Yes**, **don't li**sten to **mo**vies. **That** was a **lie**.
　　D　　D　　D'　 d　D　　　　D　 d　d　D

Yes는 부사, 즉 내용어입니다. 정확하게 소리 냅니다.

don't에 힘을 세게 줬습니다. 훅! 하고 나가죠. 그런데 **don't** 다음에 내용어가 또

나옵니다. listen to. 두 단어 모두 강조하고 싶으면 둘 다 힘을 크게 줘서 호흡을 따로따로 하면 됩니다.

don't listen to. 보통 화낼 때 이런 식으로 소리를 내죠. 그런데 이렇게까지 세게 하고 싶지 않다면, 둘 중 하나 힘을 빼주고 연결해줍니다. 영상에서는 **don't** listen to로 소리를 냈습니다.

그리고 바로 중요한 내용어인 **mo**vie에 힘 들어갑니다. **don't** listen to **mo**vies.

앞서 소리 규칙에서 설명한 바와 같이 listen to 할 때 to는 기능어고 강세가 없습니다. 그래서 ㄷ 이나 ㄹ 소리가 나오죠. 그래서 '투'라고 소리 내지 않고 '루' 정도로 처리해줍니다.

'무비'하지 마세요. **mo**vie. 한 호흡입니다. 훅! 하고 **mo**에서 뱉어주고 들어오는 힘에 vie를 발음 처리해줍니다.

<u>**That** was a **lie**</u>. 이제 대표문장 나옵니다. 그거 뻥이야.

> **TIP** That was a lie.
>
> 조금 더 오버해서 욕처럼 이야기하면, '개소리야.' **That** was **bullshit**. 이렇게 얘기할 수도 있는 거죠. (**bullshit** : 헛소리/허튼소리)

④ It's **really**, **really hard** to **get** into **Har**vard.
    d d   **D**   **D**   **D** d **D'** d   **D**

진짜 진짜 힘들어. 한국어로 말할 때도 모든 단어를 다 강조하면서 힘을 주지요? 마찬가지입니다. 강조하기 위해서입니다. <u>It's **really**, **really hard**</u>. 내용어에 힘을 다 줬습니다.

그리고 이어지는 <u>get into</u>에도 그 정도 힘이 들어가면 어색하고 힘들어요. 소리가 다 끊어집니다. 그래서 내용어지만 살짝 힘을 빼줍니다.

그 다음에 **Har**에서 힘이 또 들어가죠. <u>to get into **Har**vard</u>.

이제 의미단위끼리 편해졌으면 전체 의미단위들을 연결해봅니다.

It's **really**, **really hard** to get into **Har**vard.

자, 이제 몸으로 암기하는 소리튜닝 반복훈련을 시작해볼까요?

Part 3 소리 반복훈련

🎧 MP3 파일 듣기

① You **said get**ting into **Har**vard **wasn't hard**.
② And I'm **try**ing to **get** into **med school**, so do you **have** any **tips**?
③ **Yes**, **don't li**sten to **mo**vies. **That** was a **lie**.
④ It's **really**, **really hard** to **get** into **Har**vard.

| TIP | 완전히 외울 때까지 발음하면서 Writing도 반복하세요! |

훈련 체크 ☐☐☐☐☐☐☐☐☐☐

Part 4 한-영 훈련

① 당신이 하버드 들어가는 게 어렵지 않다고 했잖아요.
② 제가 의과대학에 들어가려고 하는데요. 비결이 있나요?
③ 네! 영화에서 하는 말 듣지 마세요. 거짓말이었어요.
④ 하버드 들어가는 건 정말, 정말 어려워요.

| TIP | 소리튜닝 배운 대로 하루 동안 틈나는 대로 무한 반복해서 외우세요! 한글을 보면서 영어문장이 자동적으로 떠오를 때까지. |

훈련 체크 ☐☐☐☐☐☐☐☐☐☐

Part 5 표현 저널 쓰기 Expression journal

be trying to ~

~ 하려고 하다

> You're attempting to accomplish something!
> 본인의 의도를 표현할 수 있습니다. 뭔가를 얻으려고 시도한다는 의미입니다.
> I'm trying to 한 다음에 동사 쓰시면 됩니다. 원하는 바를 to 다음 동사를 쓰면 됩니다.
>
> I'm trying to sleep. (나 자려고 해.)
> I'm trying to eat healthy. (건강하게 먹으려고 해.)
> I'm trying to understand. (나 이해하려고 하고 있어.)

1. I am trying to get a job.
   (취직하려고 하고 있어.)

2. Are you trying to ignore me?
   (나를 무시하려는 거야?)

3. I'm just trying to do my best.
   (그냥 최선을 다 하려고.)

4.

5.

Day 18 대표문장

I just don't get it
나는 그냥 이해가 안 돼

2011년 9월 22일, 미국 NBC 〈엘렌 드제너러스 쇼(The Ellen DeGeneres Show)〉에 배우 브래드 피트가 출연했습니다. 브래드가 결혼하기 전 영상이네요. 모든 사람들이 결혼할 수 있는 권리를 가질 때까지 결혼을 하지 않겠다고 말하는 장면입니다.

Part 1 오늘의 예습 Today's Preview

① And it's... that's not what we're about.
② That's not what makes us great.
③ And until that is reversed...
④ I just don't get it.
⑤ It's making no sense to me.
　It's making no sense.

① 그리고 이건… 그건 우리가 추구하는 바가 아니죠.
② 그게 우리를 위대하게 만들지 않아요.
③ 그게 바뀌기 전까지는….
④ 저는 그냥 이해가 안 돼요.
⑤ 전혀 말이 되지 않아요. 말이 안 돼요.

단어와 표현

* about [əˈbaʊt 어**바**웃]　① ~쯤, 경　② 거의　③ ~에 대한
* reversed [rivə́ːrst 리**벌**스트]　거꾸로 된, 반대의, 뒤집은
* until [ənˈtɪl 언**틸**]　~(때)까지
* make sense　① 의미가 통하다　② 타당하다　③ 이해할 수 있다

Part 2 오늘의 소리튜닝 Today's Vocal Tuning

소리튜닝 Day18

① And it's... **that**'s **not** what we're **about**.
　d　d d　　D　d D　　d　　d d　　d

② **That**'s **not** what **ma**kes us **great**.
　D'　d D　　d　　D　　d　D

③ And until **that** is re**ver**sed...
　d　　d　　D　d　D

④ I just **don't get** it.
　d d　　D'　D d

⑤ It's **ma**king **no sen**se to me,
　d d　D　　D' D　　d d

It's **ma**king **no sen**se.
d d　D　　D' D

Main Sentence

I just **don't get** it.
d d　D'　D d

광장히 많이 들어본 문장일 것입니다. I just don't(d d D). don't와 다음에 나오는 get 둘 모두 내용어입니다. 물론 강조하듯이 끊어서 둘 다 힘을 줄 수도 있지만, 이어주고 싶다면 하나에만 훅 나가줍니다. 브래드 피트는 **get**에 힘을 더 주었습니다.

get it(D d). 이 리듬을 먼저 연습해서 D에 농구공을 던지고 반동으로 올라오는 소리로 d를 처리해줍니다. 익숙해지면 영어를 넣어봅시다. **get** it

반동의 힘을 이용하는 것이지요. 소리 규칙에 따라 '**get**it' 한 단어처럼 소리 냅니다. 그래서 '겟잇'이 아니라 '**게**릿' 이렇게 소리 내주세요.

> **소리규칙**　get it처럼 t 다음에 모음이 오면 붙여서 한 단어처럼 소리 내면 되지만, t 다음에 자음이 오는 경우 호흡을 끊어줍니다. don't에 t로 끝나고 g 자음으로 시작하므로 don't 발음을 할 때 소리를 끊어줍니다.

① And it's... **that**'s **not** what we're **about**.
　　d　d d　　D　d D　 d　　d　d

<u>And it's</u>(d dd). 이 문장은 모두 기능어기도 하지만 생각하면서 나오는 소리이므로 복화술하듯 빠르게 처리해줍니다.

that's **not** what we're **about**(Dd D d dd d). **that**'s 하고 힘 들어갑니다. 지시사이므로 내용어입니다.

that's **not**(Dd D). that과 not 중 어디에 더 힘을 줄지 결정할 수 있습니다. 내용어에 모두 똑같은 세기의 힘이 들어가면 발음하기 어렵고, 무엇보다 어색하게 들립니다.

that's **not** what we're. **not**에 훅 뱉어주고 들어오는 소리에 what we're하면 됩니다. d dd. 복화술로 성의 없이 처리해줍니다.

그 다음 **about**는 원래 기능어인데, 영상에서는 힘이 들어갔습니다. 항상 규칙의 예외는 가능합니다. 중요하게 **about**을 강조하고 싶었던 것이지요. 그래서 기능어이지만 힘이 들어가서 표기도 진하게 했습니다.

이제 다 연결해서 소리 내어봅시다. **that**'s **not** what we're **about**.

> **TIP**   that's not what we're about
>
> 해석하기가 애매합니다. discrimination. 차별에 대해서 이야기하다가 **that**'s **not** what we're **about**이라고 하면 '그건 우리에 관한 것이 아니야. 우리를 말하는 게 아니야.' 라는 뜻이죠. '우리가 추구하는 바가 아니야. 우리가 원하는 바가 아니야. 우리가 되려는 방향이 아니야.' 이 정도까지 의역이 가능합니다.

② **That**'s **not** what **ma**kes us **great**.
　　D'　d　D　　d　　D　　　d　　D

That's **not** / what **ma**kes us.
makes us **great**. what **ma**kes us **great**(d D d D).
연결해볼게요. That's **not** what **ma**kes us **great**.
내용어가 많습니다. 이 내용어 중에서 어디에 더 힘을 줄지는 화자가 결정해야 합니다. 중요한 순서대로 소리의 세기를 조절해줍니다.
That's **not** what **ma**kes us **great**. '그런다고 우리가 더 좋아지는 건 아니잖아.' 정도로 의역할 수 있겠죠.

③ And until **that** is re**ver**sed...
　　d　　d　　D　d　　D

And until. until은 힘이 들어가는 부분이 아닙니다. **that**은 지시사로서 내용어니까 힘이 들어갔습니다.

that is(D d). 다음에 re**ver**se라는 단어가 나왔습니다. re**ver**sed라는 단어는 d D 리듬입니다. -sed 소리 처리는 [st]로 해줍니다.

and until **that** is re**ver**sed. '그게 바뀌기 전까지는.' 여기서 that이란 결혼하는 제도를 말하는 거겠지요.

④ I just **don't get** it.
   d d   D'   D d

대표 문장 나옵니다. **get**에 힘 줬죠. '나는 이해가 안 가.' 하는 표정입니다.

⑤ It's **ma**king **no sen**se to me, It's **ma**king **no sen**se.
   d d D   D' D   d d d d D   D' D

<u>It's making no **sen**se</u>. no도 내용어이지만 앞뒤 내용어가 많아서 힘이 빠졌습니다. 하지만 강조하는 것에 따라서 no에 힘을 줄 때도 있습니다.

> **TIP** make no sense
>
> '**sen**se가 안 맞다'는 의미입니다. 말 그대로, 말도 안 된다는 뜻입니다. '말도 안 돼, 이게 말이나 되는 소리야?'

sense to me(D d d). 내용어 악센트는 충분히 늘려주셔야 합니다. 내용어와 기능어의 길이가 같지 않습니다. 내용어의 악센트는 항상 타임이 길어야 돼요. '센스. 투. 미.' 라고 하면 길이가 다 똑같지요. **sen**하고 훅 늘려주셔야 합니다.

> **소리규칙**
>
> **내용어의 악센트는 반드시 다른 단어들보다 소리 처리가 길~어야 한다**
>
> 길~게 늘리지 않으면 한국어처럼 들리거나 급하게 들립니다. 보통 이렇게 늘리는 게 안 되시는 분들은 보통 성격이 급하지요. 그래서 **sen**se (센~스) 할 시간이 없습니다. 이런 분들은 내용어의 악센트 부분을 처리할 때 손으로 간격을 옆으로 늘리거나 몸을 앞으로 젖히면서 해보세요. 소리가 길어집니다.

자, 이제 몸으로 암기하는 소리튜닝 반복훈련을 시작해볼까요?

I am doing my best and that is always enough.
나는 최선을 다하고 있고 그것은 항상 충분하다.

Part 3 소리 반복훈련

🎧 MP3 파일 듣기

① And it's... **that**'s **not** what we're **about**.
② **That**'s **not** what **ma**kes us **great**.
③ And until **that** is re**ver**sed...
④ I just **don't get** it.
⑤ It's **ma**king **no sen**se to me, It's **ma**king **no sen**se.

> **TIP** 완전히 외울 때까지 발음하면서 Writing도 반복하세요!

훈련 체크 ☐☐☐☐☐☐☐☐☐☐

Part 4 한-영 훈련

① 그리고 이건… 그건 우리가 추구하는 바가 아니죠.
② 그게 우리를 위대하게 만들지 않아요.
③ 그게 바뀌기 전까지는….
④ 저는 그냥 이해가 안 돼요.
⑤ 전혀 말이 되지 않아요. 말이 안 돼요.

> **TIP** 소리튜닝 배운 대로 하루 동안 틈나는 대로 무한 반복해서 외우세요! 한글을 보면서 영어문장이 자동적으로 떠오를 때까지.

훈련 체크 ☐☐☐☐☐☐☐☐☐☐

Part 5 표현 저널 쓰기 Expression journal

get it

understand a concept or idea (콘셉트 자체에 대한 이해)
'어떻게 하는지 알아, 내가 처리할게.'라는 의미

1. A: Get it?
   (이해했니?)

   B: Got it!
   (이해했어!)

2. He told a joke but I didn't get it.
   (그가 농담을 던졌는데, 못 알아들었어.)

3. Ah, I got it. Thanks for the explanation!
   (아! 이해했어! 설명해줘서 고마워.)

4. Don't worry about washing the dishes. I got it!
   (설거지 걱정하지 마! 내가 처리할게!)

5.

Day 19 대표문장
That's annoying
그게 짜증나요

이탈리아 온라인 패션 업체인 NET-A_PORTER가 2015년 11월 19일, 미국의 배우 제시카 알바와의 인터뷰 영상을 공개했습니다. 누구나 본인이 다 싫어하는 본인만의 특징이 있죠. 제시카에게 본인이 스스로 짜증난다고 생각하는 본인의 특징을 물어보는 장면입니다.

Part 1 오늘의 예습 Today's Preview

MP3 파일 듣기

① What's my most annoying personality trait?
② There's too many.
③ I sometimes don't have a filter.
④ That's annoying.

① 제 가장 짜증나는 성격적 특징이요?
② 너무 많은데요.
③ 제가 가끔 말할 때 필터가 없어요.
④ 그게 짜증나요.

단어와 표현

* **annoy** [əˈnɔɪ 어**노**이] ① 짜증나게 하다 ② 귀찮게 하다
* **personality** [pə̀ːrsənǽləti 펄션**낼**러리]
  명사: ① 성격, 인격 ② 개성 ③ 유명인
* **trait** [treɪt **츄레**잇] (성격상의) 특성
* **filter** [ˈfɪltə(r) **필**터] 필터, 여과 장치

Part 2 오늘의 소리튜닝 Today's Vocal Tuning

소리튜닝 Day19

① **What**'s my **most** an**noy**ing
  D   d d   D'   D

  perso**nal**ity **trait**?
       D   D

② There's **too many**.
  d   d D   D'

③ I **some**times **don't have** a **fil**ter.
  d   D   D   D'   d   D

④ **That**'s an**noy**ing.
   D   d   D

Main Sentence

That's an**noy**ing.
 D   d   D

That's an**noy**ing. D d D 리듬을 느끼기 위해 몸을 움직여봅시다. 앞으로 훅 갔다(D), 뒤로 왔다(d), 다시 훅 앞으로(D) 해줍니다. 이렇게 몸을 움직이면서 리듬을 충분히 느끼고 영어를 대입해주세요.

① **What**'s my **most** an**noy**ing
  D   d d   D'   D

  perso**nal**ity **trait**?
       D   D

Day 19 That's annoying **165**

이 문장은 거의 다 내용어입니다. 다 이어서 말하고 싶다면 내용어들 사이에 힘을 조절해줘야 합니다. 그런데 영상에서는 제시카 알바가 천천히 생각하면서 말하는 느낌입니다. 그래서 내용어를 하나하나 다 힘 주면서 소리를 냈지요.

What's my **most**. D d d D' 이 리듬으로 먼저 연습하고 영어를 대입해줍니다.

an**noy**ing perso**nal**ity trait? 다 내용어입니다. 영화로 쉐도잉을 해도 이렇게 내용어가 몰려 있을 때가 있습니다. 당황하지 말고 내용어 사이의 소리 세기를 조절해주면 됩니다.

음소단위　m

m 소리는 비음 소리입니다. 영어 소리는 대부분 뱃소리가 나는데, 유일하게 위로 빠지는 3가지 소리가 m, n, ng 사운드이지요. 그중 하나가 m 사운드, 즉 비음소리, 콧소리입니다. 손가락을 코볼에 댔을 때, 진동이 느껴지면 콧소리가 나고 있는 겁니다. m 음소단위는 이렇게 콧소리를 내면서 입을 다물기만 하면 됩니다. 진동이 더 잘 되려면 입을 좀 더 힘 있게 '앙' 다물어줘야 합니다. 그래서 입으로 힘 있게 '음' 소리를 내면서 발음을 해준다고 생각해보세요. most 라면 '음'모스트 한다는 느낌으로 소리 냅니다.

---

an**noy**ing. **no** 소리를 들려줘야 합니다. n도 m처럼 비음소리입니다. d D d 리듬으로 소리 냅니다.

perso**nal**ity. 이 단어에 강세는 **'nal'**입니다. n 비음 소리를 내면서 훅 던져주세요. d d D d 이 리듬입니다. 이렇게 긴 단어는 반드시 리듬 연습해주고 영어 대입하세요. 그렇지 않으면 강세가 아닌 부분이 강조되어 전체적으로 소리가 한 호흡으로 안 나오게 됩니다.

most an**noy**ing perso**nal**ity. 이 문장에 강세가 들어가는 소리가 다 비음입니다. m, n, n이 연달아서 나오고 있어요. 비음소리 제대로 해주면 멋집니다.

trait. '트레이트'가 아니라 '**츄레이트**'로 소리 냅니다.

> **소리규칙** tr

tr 소리는 입모양이 앞으로 나와서 '**츄**'라는 느낌으로 소리 냅니다. 이유는 이게 더 입에서 편하기 때문입니다. 영어 소리 규칙의 대부분의 이유는 그렇게 하는 게 더 편해서입니다.

ex) try [트라이] → [츄라이]
　　train [트레인] → [츄레인]
　　truck [트럭] → [츄럭]
　　tree [트리] → [츄리]

② There's **too many**.
　　d　d　D　D'

there is **too**. there's에 힘 들어가지 않다가 **too**에 힘이 훅 들어갑니다. 오버해서 강조하려고 쓰는 거니까요. **too**에 너무 훅 힘이 들어가면 더 나갈 숨이 없습니다. 그래서 many는 내용어지만 나갔다 들어오는 소리로 처리해줍니다. 물론 반대로 힘을 줘도 괜찮습니다.

> **TIP**　there is **too** many가 문법적으로 맞나요? 학교 다닐 때 배우셨을 겁니다. 'there is / are!에서 is를 쓸지 are를 쓸지는 뒤에 나오는 단어가 복수인지 단수인지에 따라 결정된다.' 그런데 이 문장에서는 어떻죠? too many는 복수니 is가 아니라 are를 써야 맞습니다. 그런데 제시카 알바는 왜 is라고 했을까요?
> 원어민들에게 이 문장이 맞냐고 물어본다면 아마 이렇게 답해줄 겁니다. "내가 당신의 영어 선생님이라면 틀렸다고 할 것이고, 평소에 다들 이렇게 많이들 쓰냐고 물어본다면 그렇다." 생각보다 많은 원어민들이 뒤에 단/복수와 상관없이 there is라고 말하는 게 입에 붙어 있습니다.

③ I **some**times **don't have** a **fil**ter.
　d　　D　　　D　D'　d　D

I / **some**times **don't** have a **fil**ter. I 하고 좀 쉬었다가 **some**times 소리 내줍니다. 원래 모두 이어서 소리 낼 수 있지만 잠시 쉬는 이유는 생각하는 중이기 때문입니다.

don't have. t 다음에 자음 h가 와서 소리 규칙에 따라 호흡이 살짝 끊어집니다. have a. 자음 v 다음에 바로 모음 a가 와서 한 단어처럼 이어줍니다. v 다음에 e가 있지만 소리 규칙들은 발음기호 기준입니다. have의 발음 기호는 [hæv]입니다. 그래서 have a는 마치 한 단어처럼 **ha**va 이렇게 이어서 소리 냅니다.
don't have a **fil**ter.

I **some**times **don't** have a **fil**ter. 이 문장에는 내용어가 너무 많습니다. 다 힘주다가는 버벅거리게 될 겁니다. 그러면 어느 내용어에 더 힘을 주고 어느 내용어에 힘을 뺄지 결정해봅시다.

> **TIP**   I sometimes don't have a filter
> 한국어에서도 잘 쓰는 표현입니다. '나는 필터가 없어.' 성격에서 필터가 없다는 것은 무슨 의미일까요? 상대의 기분이나 내용을 고려하는 것이 우리 속에 있는 필터의 역할이죠? 필터가 없는 사람들은 보통 하고 싶은 말들을 다 하는 느낌이죠.

④ **That**'s an**noy**ing.
　　D　d　　D

That에 힘을 많이 줬어요. '그게' 좀 짜증나. 이런 느낌으로 말한 거죠. 역시 an**no**에 힘이 살짝 들어가기도 했습니다.

자, 이제 몸으로 암기하는 소리튜닝 반복훈련을 시작해볼까요?

**영어를 제일 빠른 시간 내에
잘하는 '척' 할 수 있는 방법은 뭘까요?**

'리듬'입니다. 영어의 리듬 훈련은 가장 단시간에 영어 소리를 개선시키는 방법입니다. 영어의 리듬을 훈련하지 않으면 원어민은 계속 내가 하는 말을 못 알아듣고 여러분의 영어는 계속 입에서 꼬일 것입니다.
'강세 영어'와 '효율 영어'를 기억하세요!

Part 3 소리 반복훈련

 MP3 파일 듣기

① **What**'s my **most** an**noy**ing perso**nal**ity **trait**?
② There's **too many**.
③ I **some**times **don't have** a **fil**ter.
④ **That**'s an**noy**ing.

> **TIP** 완전히 외울 때까지 발음하면서 Writing도 반복하세요!

훈련 체크 ☐☐☐☐☐☐☐☐☐☐

Part 4 한-영 훈련

① 제 가장 짜증나는 성격적 특징이요?
② 너무 많은데요.
③ 제가 가끔 말할 때 필터가 없어요.
④ 그게 짜증나요.

> **TIP** 소리튜닝 배운 대로 하루 동안 틈나는 대로 무한 반복해서 외우세요! 한글을 보면서 영어문장이 자동적으로 떠오를 때까지.

훈련 체크 ☐☐☐☐☐☐☐☐☐☐

Part 5 표현 저널 쓰기 Expression journal

annoying

짜증나게 하는 / 성가시게 하는
making you feel annoyed

> 어떤 상황이나 상태에 대해서 짜증난다는 표현입니다. '귀찮다, 성가시다' 라는 표현까지도 가능합니다. Actually there are a lot of people annoying me. 이렇게 이야기하실 수도 있습니다.

1. I know a lot of annoying people.
   (나는 짜증나는 사람들을 많이 알아.)
2. What annoys you?
   (무엇이 널 짜증나게 하니?)
3. You are annoying me to death.
   (너 때문에 짜증나 죽겠어.)
4.

5.

Day 20 대표문장

I'm good at basketball
저 농구 잘해요

2016년 3월 16일, 미국 NBC의 〈투나잇 쇼〉에 영화 〈소셜 네트워크〉에서 페이스북의 설립자 '마크 주커버그' 역으로 나왔던 배우 제시 아이젠버그가 출연했습니다.

Part 1 오늘의 예습 Today's Preview

MP3 파일 듣기

① How are you at basketball?
② Are you good?
③ I'm good. Yeah, I'm good at basketball.
④ You play all the time, yeah.

① 농구는 어때요?
② 잘해요?
③ 잘해요. 네, 저 농구 잘해요.
④ 농구 자주 하잖아요.

단어와 표현

* **basketball** [bǽskitbɔ̀:l 베스킷버얼] 농구
* **be good at** ~을 잘하다
* **play** [plei 플레이]
  ① 놀다, (게임) 하다 ② 경기를 하다 ③ (악기 음악을) 연주하다 ④ 연기하다

Part 2 오늘의 소리튜닝 Today's Vocal Tuning

① **How** are you at **ba**sketball?
   D   d   d   d   D

② Are you **good**?
   d   d   D

③ I'm **good**. **Yeah**, I'm **good** at **ba**sketball.
   d d   D   D'   d d   D   d D

④ You **play all** the **time**, **yeah**.
   d   D'   D d   D'   D'

Main Sentence

I'm **good** at **ba**sketball.
d d   D   d D

굉장히 많이 쓰이는 문장입니다. 내용어는 **good**, **ba**sketball입니다. 효율 영어입니다. 두 단어만 들어도 무슨 의미인지 알겠죠? 나머진 뭉개서 발음합니다.

dd D d D 이 리듬을 소리가 끊어지지 않게 먼저 연습합니다. **good**과 **ba**에는 훅 소리를 뱉어줍니다.

good at은 자음 d 다음에 모음 a가 나오므로 연음 처리해줍니다. 그래서 **goo**dat, '그렛'으로 입에서 편하게 나오게 소리 냅니다.

> **음소단위** g
>
> 음소단위 g의 쌍이 되는 소리는 c/k 소리입니다. 똑같은데 g는 유성음이고 c/k는 무성음입니다. c/k 소리가 익숙하신 분들은 그 소리에 목소리만 넣어주면 됩니다. 이들 소리는 내 안쪽 혀와 입천장 중에 말캉한 부분(연구개)을 닿게 해줍니다. 한국어로 '앙' 하면 얼추 이런 모양이 나와요. 이제 안쪽 혀와 입천장이 힘 있게 닿게 했다가 떼어줍니다. 그러면서 소리를 넣어줍니다.

① **How** are you at **ba**sketball?
　　D　 d　 d　 d　 **D**

How are you at. How에 훅 뱉어주고 나오는 소리에 are you at을 복화술하듯이 힘없이 빠르게 처리해줍니다. D d d d 리듬입니다.

are you at에 힘이 들어가서 입이 꼬인다면 리듬 연습을 좀 더 한 후에 영어를 대입해줍니다.

소리가 들어왔으니 다시 훅 하고 나갈 수가 있습니다. **ba**sketball에서 **ba**만 훅 던져줍니다. **How** are you at **ba**sketball?

> **TIP**　**How** are you? 하면 "어때?" 그런 뜻을 가지고 있잖아요. 여기에 at **ba**sketball 붙이면 "농구에서는 어때?" 라는 해석이 되겠죠.
>
> **How** are you at 하고 뒤에 단어만 넣으면 됩니다.
>
> ex) **How** are you at your test? 테스트 어때?
>
> **How** good으로 얼마나 잘해? 라는 문장으로 만들 수도 있어요.
>
> ex) **How** good are you at **ba**sketball? 농구 얼마나 잘해?

② Are you **good**?
    d   d   D

<u>Are you **good**?</u>(d d D). 의문문입니다 Are you에서 준비하고 **good**에서 쏘세요. **good**만 들리게 만들어주는 것입니다. 너무 쉬운 문장이지만 이런 문장에서 리듬을 충분히 느껴봐야 합니다.

③ I'm **good**. **Yeah**, I'm **good** at **ba**sketball.
   d d   D   D'   d d   D   d   D

<u>I'm **good**</u>(dd D). 그러면서 **Yeah**,
대표문장 나옵니다. <u>I'm **good** at **ba**sketball</u>(d d D d D). 리듬으로 왔다 갔다 해줍니다. 대신 소리가 끊어지지 않게 합니다.

④ You **play all** the **time**, **yeah**.
    d   D' D   d   D'   D'

<u>You **play**</u>(d D). '드다', 이 리듬인 문장이 많습니다. 엇박의 느낌으로 리듬을 타봅니다.

<u>**all** the time</u>. '매일, 항상'이라는 뜻이죠. 보통 문장에 이 단어가 나오면 **all**에 힘이 들어가곤 합니다. 왜냐하면 **all**이라는 단어를 강조하기 위해서 쓰는 것이기 때문입니다. **all**에 힘 들어가서 **all** the time.

<u>You **play all** the time</u>. **play all** 둘 다 힘주기 위해서 살짝 끊어서 말해도 됩니다. 둘 중 하나에만 힘을 더 줘서 둘을 이어서 소리 내도 괜찮습니다.

자, 이제 몸으로 암기하는 소리튜닝 반복훈련을 시작해볼까요?

Part 3 소리 반복훈련

 MP3 파일 듣기

① **How** are you at **ba**sketball?
② Are you **good**?
③ I'm **good**. **Yeah**, I'm **good** at **ba**sketball.
④ You **play all** the **time**, **yeah**.

> **TIP** 완전히 외울 때까지 발음하면서 Writing도 반복하세요!

훈련 체크 ☐☐☐☐☐☐☐☐☐☐

Part 4 한–영 훈련

① 농구는 어때요?
② 잘해요?
③ 잘해요. 네, 저 농구 잘해요.
④ 농구 자주 하잖아요.

> **TIP** 소리튜닝 배운 대로 하루 동안 틈나는 대로 무한 반복해서 외우세요! 한글을 보면서 영어문장이 자동적으로 떠오를 때까지.

훈련 체크 ☐☐☐☐☐☐☐☐☐☐

Part 5 표현 저널 쓰기 Expression journal

be good at + 명사 / 동명사

> ~를 잘한다. 능숙하다는 의미를 갖고 있습니다. 평소에도 일상 회화에서 많이 쓸 수 있습니다. be good at, '~를 잘한다'는 뜻으로 많이 외우셨을 것입니다. '뭐 잘하세요?'라는 질문에 대한 답이죠.
>
> I'm good at tennis. (나 테니스 잘해.)
> I'm good at golf. (나 골프 잘해.)
> I'm good at cooking. (나 요리 잘해.)

1. If you practice enough, you will be good at tennis.
   (충분히 연습하면, 테니스를 하게 될 거야.)

2. You're really good at cooking.
   (너 요리 진짜 잘한다.)

3. What is one thing you are really good at?
   (당신이 진짜 잘하는 한 가지는?)

4.

5.

Day 21 대표문장
I feel for you
네 마음 이해해

영국 BBC의 'BBC Radio 1' 채널에서 2018년 3월 1일, 미국의 배우 제니퍼 로렌스를 인터뷰 했습니다. 제니퍼 로렌스의 NG장면 중 제니퍼가 'lunch'를 외치는 장면이 제일 재미있다고 말하네요. 한국어로 치면 "밥 먹고 합시다!" 이런 느낌이죠?

Part 1 오늘의 예습 Today's Preview

MP3 파일 듣기

① The best bit is when you say the word, 'lunch.'
② Incredibly loudly.
③ When you want a scene to be over,
④ You're like, "Lunch!"
⑤ And I feel for you.

① 최고의 부분은 당신이 '런치'라는 말을 할 때야.
② 엄청 큰소리로.
③ 당신이 촬영이 끝났으면 할 때,
④ 이렇게 하나 봐, "런치!"
⑤ 그리고 네 마음 이해해.

단어와 표현

* **bit** [bɪt 빗] ① 조금, 약간 ② 조금, 한 조각 ③ 부분, 일부
* **Incredibly** [ɪnˈkredəbli 인**크레**더블리]
  ① 믿을 수 없을 정도로, 엄청나게 ② 믿기 힘들게도
* **loudly** [láudli 을**라**우들리] ① 큰 소리로, 소리 높이 ② 사치스럽게, 화려하게
* **word** [wəːrd **월**드] ① 단어, 낱말, 말 ② 이야기
* **scene** [siːn 씬] ① (영화, 연극)장면 ② (특정한 일이 벌어지는) 장면 ③ 현장

Part 2 오늘의 소리튜닝 Today's Vocal Tuning

소리튜닝 Day21

① The **best bit** is when you **say** the **word**,
    d **D** **D'** d d   d **D** d   **D**

   '**lunch**.'
    D

② In**cre**dibly **lou**dly.
     D   **D**

③ When you **want** a **scene** to be **o**ver,
    d   d   **D'** d **D**   d d **D**

④ You're like, "**Lun**ch!"
    d d   d   **D**

⑤ And I **feel** for you.
    d d **D**   d d

Main Sentence

I **feel** for you.
d **D** d   d

I **feel** for you. d D d d. 아주 간단한 리듬이죠. **feel** 할 때 **f** 소리 제대로 해서 터져줍니다.

> **음소단위** l
>
> l에는 light l과 Dark l이 있습니다. 우리가 흔히 알고 있는 l은 light l이라고 생각하면 됩니다. light l은 보통 모음 앞에 위치합니다. 예를 들어, light, lie, clever 모두 light l입니다. 이 소리는 혀끝이 윗니 뒤쪽과 잇몸이 시작하는 부위에 힘 있게 댔다가 떼는 소리입니다. 혀에 힘을 주다 보니 '을…' 소리를 했다가 소리가 나갑니다. 예를 들어, light는 '라이트'가 아니고 '을라이트'입니다.
>
> Dark l은 보통 모음 뒤에 위치해서 단어 끝에 많이 보입니다. 예를 들어, feel, sale, nail, pool이 있습니다. dark l소리는 혀끝이 중요한 게 아니라 혀 안쪽이 중요합니다. 혀끝은 전혀 신경 쓰지 않습니다. 혀 안쪽을 목구멍 쪽으로 댕긴다는 느낌으로 '얼' 소리를 내줍니다. 그래서 sale 할 때 '세일'이 아니라 '세얼' 하는 느낌으로 소리가 나옵니다.

① The **best bit** is when you **say** the **word**, '**lunch**.'
     d   D D' d   d   d   D   d   D   D

The **best** bit(d D d).
The **best** bit is. 최고의 부분. '최고의 부분'이라는 말을 하니까 best에 '최고'처럼 처리를 해주셔야 합니다. 약간 감탄한다는 느낌으로 b 소리 제대로 해서 힘 줘서 훅 뱉어주세요.
best 훅 하고 나갔다 들어오는 소리로 bit을 처리해줍니다. 여기까지 하고 다음 문장 들어가기 전에 생각하는 느낌으로 살짝 쉬어줘도 됩니다.

when you **say** the **word**(d d D d D) 리듬 먼저 훈련해봅니다. 몸이나 손 혹은 목이라도 움직이면서 리듬을 느껴봅니다. 그런 다음 **lunch** 하고, light l 소리 제대로 해서 훅! 뱉어 주세요.

> **소리규칙**
>
> **lunch**할 때 제니퍼 로렌스가 light l 소리 너무 잘 내줬습니다. light l의 경우 보통 혀끝에 힘을 주고, '런치' 하지 말고, '을런치' 이런 느낌으로 소리를 냅니다.

② In**cre**dibly **lou**dly.
　　　D　　　 D

In**cre**dibly. '인크레더블리' 하면 꼬일 수밖에 없습니다. 반드시 강세에서 훅! 하고 던져주셔야 합니다. **cre** 여기만 힘 들어가시고 나머지는 다 빼버리세요.
loudly. 훅 내뱉는 힘에 **lou**dly. 역시 light l 처리 잘해서 '라우들리' 하지 않고, '을**라**우들리'로 소리 냅니다. 끝에 나오는 -y(i) 모음은 -dly로 모음 앞에 왔으므로 역시 light l입니다. 그러나 강세가 없는 부분이라 lou할 때처럼 '을' 하는 느낌으로 크게 힘주지 않습니다.

In**cre**dibly **lou**dly. 둘 다 내용어이므로 둘 다 똑같이 힘을 줄 수 있습니다. 이 경우, 강조하는 느낌으로 끊어집니다. 둘 중에 하나에만 더 힘 줘서 이어줄 수도 있습니다.

③ When you **want** a **scene** to be **o**ver,
　　　 d　　 d　　 D'　 d　　 D　　 d d　 D

When you(d d). When you **want**(d d D). want의 끝이 t고 다음 단어에 a 나왔습니다. 자음 다음 모음 나왔으므로 **wan**ta라고 소리 냅니다. **wan**에 강세 들어가고 ta는 강세가 들어가지 않습니다. 그래서 t소리를 ㄷ이나 ㄹ 소리를 내주죠? 그래서 보통 미국식 영어에서는 '원터'가 아니라 '**원**러'로 소리 납니다.
scene to be **o**ver(D d d D). scene에서 훅 뱉어주고 to be는 들어오는 힘에 대충 처리합니다. 그리고 다시 o에 훅 뱉어줍니다. **o**ver 할 때 강세인 '**o**'를 제대로 길~게 안 해주면 한국어 느낌이 납니다.

When you want a **scene** to be **o**ver. 훅훅훅 던지면서 가는 느낌인데 아무 때나 던지는 게 아니라 내용어의 악센트만 던진다는 느낌이에요. 아무리 빨리 해도 내용어는 제대로 던져주셔야 돼요. want, scene, over. 이렇게 3개만 들어도 이해가 가는 이유는 효율영어이기 때문입니다.

④ You're like, "**Lun**ch!"
   d d d   D

You're like. '너 그러잖아.' 정도의 해석을 할 수 있습니다. 모두 기능어로 이루어져 있습니다. 복화술하듯 입 거의 벌리지 않고 대충 뭉개면서 소리 내주다가 **lun**ch 에서 제대로 훅! 터져줍니다. You're like, "**Lun**ch!"

⑤ And I **feel** for you.
   d d D   d   d

대표문장입니다. 뭔가 안타까운 표정을 지으면서 해봅시다.

자, 이제 몸으로 암기하는 소리튜닝 반복훈련을 시작해볼까요?

평생 이렇게
영어 공부해야 할까요?

"이렇게 풀떼기만 먹고 어떻게 살아요?"
"평생 그렇게 먹고 살라는 것이 아니라 100일만 그렇게 하자는 거예요! 100일만 견디면 몸이 변하고 인생이 바뀌는데 해볼 만하지 않은가요?"

제가 다이어트하던 시절 트레이너와의 대화입니다. 영어와 다이어트는 매우 비슷합니다. 일정한 단계에 도달하려면 힘든 인내의 시간이 필요하죠. 하지만 100일 동안 집중적인 '영어 소리튜닝'을 거치면 누구나 영어 실력의 극적인 변화를 느낄 수 있습니다. 그러고 나면 적당히 현재 상태를 유지하면서 즐기는 단계에 진입할 수 있죠!

Part 3 소리 반복훈련

 MP3 파일 듣기

① The **best bit** is when you **say** the **word**, '**lunch**.'
② In**cre**dibly **lou**dly.
③ When you **want** a **scene** to be **o**ver,
④ You're like, "**Lun**ch!"
⑤ And I **feel** for you.

> **TIP** 완전히 외울 때까지 발음하면서 Writing도 반복하세요!

훈련 체크 ☐☐☐☐☐☐☐☐☐☐

Part 4 한-영 훈련

① 최고의 부분은 당신이 '런치'라는 말을 할 때야.
② 엄청 큰소리로.
③ 당신이 촬영이 끝났으면 할 때,
④ 이렇게 하나 봐, "런치!"
⑤ 그리고 네 마음 이해해.

> **TIP** 소리튜닝 배운 대로 하루 동안 틈나는 대로 무한 반복해서 외우세요! 한글을 보면서 영어문장이 자동적으로 떠오를 때까지.

훈련 체크 ☐☐☐☐☐☐☐☐☐☐

Part 5 표현 저널 쓰기 Expression journal

feel for someone

그 마음 알지 / 이해해 / 안 됐어

> 직역하면, 나는 너를 위해서 느낀다죠. 나는 너를 위해서 느낀다니까 네 맘 알겠다는 뜻으로 대충 이해가 가죠. 네 맘 알겠어, 네 맘 이해해. 여기서 조금 더 나아가서 '안타깝다'라는 표현까지 쓸 수 있습니다. 동정심을 느낀다는 표현으로, 혹은 상대의 감정을 충분히 이해한다는 느낌으로 쓰입니다.

1. I felt for him,
   but there was nothing I could do for him.
   (걔가 참 안됐어. 근데 내가 해줄 수 있는 게 없었어.)

2. I know she's unhappy, and I feel for her.
   (난 그녀가 불행하다는 걸 알아. 안타깝지.)

3. I feel for you and you need help.
   (난 네가 안타까워. 그리고 넌 도움이 필요해.)

4.

5.

Review — 3주차 한영 훈련 중첩 복습

이제 21일차까지 끝내셨습니다!
중첩 반복훈련은 얼마나 하셨나요?
모두 기억하고 계신가요?
복습해봅시다!

DAY 15

① 아니, 아니, 너가 좀 헷갈린 거 같은데.
② 그런 거 같지 않은데
③ 아, 네가 무슨 말하는지 알아.
④ 얘는 상업적인 버전을 말해주고 있는 거야.

DAY 16

① 근데 제가 듣기론 당신이 화장지를 훔친다는데요.
② 이건 제가 들은 말이에요.
③ 이건 제가 들었던 소문 같은 거예요.
④ 어디서냐면… 만약에 호텔이나 그런 곳에 가면 화장지를 훔쳐온다고….

DAY 17

① 당신이 하버드 들어가는 게 어렵지 않다고 했잖아요.
② 제가 의과대학에 들어가려고 하는데요. 비결이 있나요?
③ 네! 영화에서 하는 말 듣지 마세요. 거짓말이었어요.
④ 하버드 들어가는 건 정말, 정말 어려워요.

DAY 18

① 그리고 이건… 그건 우리가 추구하는 바가 아니죠.
② 그게 우리를 위대하게 만들지 않아요.
③ 그게 바뀌기 전까지는….
④ 저는 그냥 이해가 안 돼요.
⑤ 전혀 말이 되지 않아요. 말이 안 돼요.

DAY 19

① 제 가장 짜증나는 성격적 특징이요?
② 너무 많은데요.
③ 제가 가끔 말할 때 필터가 없어요.
④ 그게 짜증나요.

DAY 20

① 농구는 어때요?
② 잘해요?
③ 잘해요. 네, 저 농구 잘해요.
④ 농구 자주 하잖아요.

DAY 21

① 최고의 부분은 당신이 '런치'라는 말을 할 때야.
② 엄청 큰소리로.
③ 당신이 촬영이 끝났으면 할 때,
④ 이렇게 하나 봐, "런치!"
⑤ 그리고 네 마음 이해해.

Special Class

갓주아의 3주차 소리튜닝 특강
– 귀에 꽂히는 영어를 하는 방법은?

Dd 정복 – 내용어, 악센트를 쏙쏙 발음하려면?

몇 번이나 강조하고 있지만, 우선 내용어, 기능어에 대해서 좀 더 설명을 하겠습니다.

한국어는 중요성을 따지지 않고 모든 단어를 대부분 같은 세기와 길이로 말합니다. 그러나 영어는 그렇지 않습니다. 영어는 효율성을 추구하는 언어입니다. 중요한 단어는 세고 정확하게 소리를 내지만, 중요하지 않은 단어는 힘을 빼버립니다. 이때 중요한 단어는 내용어, 중요하지 않은 단어는 기능어라고 합니다.

listen to라고 해도 to 발음이 그대로 나오지는 않습니다. 하지만 알아듣습니다. 이런 요인 때문에 구술(dictation)을 정확히 하려고 하면 할수록 더 안 들리는 겁니다. 100번을 들어도 안 들립니다. 그런데 자기가 그렇게 발음하는 사람이면, 들었을 때 '거기 to가 있구나.'라는 사실을 인지하게 됩니다. 영어 소리가 좋아지면 소리만 좋아지는 게 아니라 리스닝도 잘 될 수밖에 없는 것입니다. 하지만 리스닝을 잘한다고 해서 말하는 소리가 좋다는 보장은 없어요. 그래서 같이 병행하셔야 하는 것입니다.

영어를 말할 때는 내용어의 악센트만 귀에 쏙쏙 들어오면 되는 겁니다. 그러면 리스닝도, 스피킹도 굉장히 빨라집니다. 내용어만 콕콕 들려준다는 느낌이지요.

'내용어만 귀에다 꽂아줘야지.'

이렇게 생각하고 말씀하시면 상대방이 굉장히 명료하게 잘 듣습니다. 기능어는 죽이되 내용어는 정확한 발성과 발음으로 해주시면 굉장히 소리가 명료해집니다. 먹구름이 싹 걷히는 느낌으로 소리가 명료하게 다가오는 것입니다. 죽일 건 죽이고 살릴 건 명료하게 살리니까 듣는 사람 입장에서는 굉장히 잘 들리는 것이지요. 그래서 항상 말할 때는 그런 느낌으로 말 하시고 들으실 때는 내용어의 악센트만 귀에 꽂아다가 듣는 연습으로 하시면 스피킹과 리스닝이 점점 좋아지게 됩니다!

몸으로 리듬을 잘 타려면?

"저는 왜 이렇게 리듬이 안 나오죠?"

리듬 감각이 없으신 분들은 리듬 타는 것을 어려워합니다. 이 경우 몸을 움직이면 그나마 좀 낫습니다. 그런데 '부끄러워요.' '못하겠어요.' 이러시면 안 됩니다.

Be humble! 겸손해지세요!

뭔가를 배울 때는 자신을 비우고 해볼 만큼 해봐야 합니다. 그래야 후회도 하지 않고, 결과도 좋아집니다. 용기를 내서 몸을 움직여보세요. 몸을 앞뒤로 왔다 갔다 하고, 고개를 까닥거리고, 박수를 치세요. 농구공을 튀기듯이, 장풍을 쏘듯이 움직여보세요.

기본적으로 디스코 춤을 추는 것처럼 하진 않는 게 좋습니다. 찌르는 듯한 제스처는 소리가 끊기기 때문입니다. 영어 말하기에서는 절대 소리가 끊어져서는 안 됩니다.

몸으로 리듬 타는 연습을 하면 머리는 잊어도 몸이 기억합니다. 그래서 영어는 공부가 아니라 운동, 훈련이라고 말하는 것입니다. 그럼, 몸이 기억하는 소리튜닝 영어에 더 용기를 내서 도전하시길!

I refuse to give up because I haven' tried all possible ways.
나는 포기하지 않는다.
왜냐하면 모든 가능한 방법을 시도해보지 않았기 때문이다.

Day22 **It's so classic**   정말 최고죠

Day23 **It's about time!**   때가 됐죠!

Day24 **I turned it down**   제가 거절했죠

Day25 **What's the big deal?**   그게 뭐 대수야?

Day26 **To be honest with you**   솔직히 말하면

Day27 **Take a chance!**   모험 한 번 해보세요!

Day28 **I was too afraid to do it**   저는 그걸 하는 것이 너무 두려웠어요

Review / Special Class 4   영어표현이 자연스럽게 나오려면?

Week 4

Day 22
|
Day 28

I believe in myself and my abilities.
나는 내 자신과 내 능력을 믿는다.

Day 22 대표문장

It's so classic
정말 최고죠

2017년 4월 21일, 제임스 코든이 진행하는 미국 CBS 〈더 레이트 레이트 쇼(The Late Late Show)〉에 배우 앤 해서웨이와 롭 딜레이니가 출연했습니다. 진행자 제임스가 앤에서 질문을 하네요.

Part 1 오늘의 예습 Today's Preview

MP3 파일 듣기

① What's your favorite romantic comedy?
② I have two. It's Notting Hill and....
③ Natch.
④ Yeah, It's so classic.

① 제일 좋아하는 로맨틱 코미디 영화가 뭐예요?
② 저는 두 개가 있어요. 〈노팅 힐〉이랑…
③ 당연하죠!
④ 네! 정말 최고죠.

단어와 표현

* **favorite** [féivərit **페이**버릿]
    형용사: ① 마음에 드는, 총애하는 ② 특히 잘하는
    명사: ① 좋아하는 사람 ② 특히 좋아하는 물건
* **Natch** [nætʃ **냇취**] (속어) 당연히, 아니나 다를까 (Naturally)
* **classic** [ˈklæsɪk **클래**식]
    ① 일류의, 최고 수준의 ② 전형적인, 대표적인 ③ 고전적인

Part 2 오늘의 소리튜닝 Today's Vocal Tuning

소리튜닝 Day22

① **What**'s your **fa**vorite ro**man**tic **co**medy?
   D   d   d   D   D   D

② I **have two**. It's **Not**ting **Hill** and...
  d D'   D   d d D   D'   d

③ **Nat**ch.
   D

④ **Yeah**, It's **so cla**ssic.
   D   d d D' D

Main Sentence

It's **so cla**ssic.
d d D' D

classic이라는 단어의 뜻은 한마디로 정의하기 굉장히 어렵습니다. 그래서 예를 찾아보면서 뉘앙스를 알아가시는 게 좋습니다.

classsic. c 음소단위 제대로 소리를 고급스럽게 내도록 해봅니다.

① **What**'s your **fa**vorite ro**man**tic **co**medy?
   D   d   d   D   D   D

What's your. **What**은 내용어니까 훅 뱉어주면서 들어오는 소리에 -'s your까지 처리해줍니다. D d d 리듬입니다.

What's your **fa**vorite. **fa**에 세게 힘을 줬습니다. 내용어이기도 하지만 내용어 중에서도 이 단어가 가장 중요하기 때문입니다. f 소리는 p 소리와 헷갈리지 않도록 하세요. 윗니로 아랫입술을 물고 '뻑' 터지는 느낌입니다. 호흡이 훅 나갑니다. **What**'s your **fa**vorite. 여기까지 편한 발음이 나올 때까지 연습하세요.

ro**man**tic **co**medy. 형용사 + 명사 소리 규칙에 따라 ro**man**tic보다 **co**medy에 힘을 좀 더 줬어요. 그렇다고 ro**man**tic이 기능어로 처리되지는 않습니다. ro**man**tic의 강세인 **man**이 정확하고 확실하게 들립니다. 단지 **co**medy의 **co**보다는 힘이 조금 덜 들어간다고 생각하면서 소리를 내는 것입니다.

<u>**What**'s your **fa**vorite ro**man**tic **co**medy?</u>

> **TIP** Romantic comedy가 너무 길어서 보통 줄여서도 많이 사용합니다. Rom com 이라고도 많이 사용하죠.

② <u>I **have two**</u>. It's **Not**ting **Hill** and...
   d D'   D d d D   D' d

<u>I have **two**</u>. **two**에 힘을 더 줬고요. I have 소리를 낼 때 d D 리듬으로 나오게 연습해줍니다. 가장 중요한 단어는 **two**입니다. 그래서 상대방 귀에 훅! 꽂아주세요.

<u>It's **Not**ting **Hill** and...</u> 이 문장의 중요한 정보는 '**Not**ting **Hill**'입니다. 이것만 들려주면 됩니다. **Not**ting에 **No**가 **Hill**보다 힘이 훅! 들어가면서 마치 한 단어처럼 소리 내줍니다.

영국식이라면 t 소리를 살려 '노팅'했겠지만, 앤 해서웨이는 t를 ㄹ 소리로 처리했어요. '나링'이라고 소리가 들리지요?

③ **Nat**ch.
　　　D

Notting **Hill**은 모든 사람이 다 알 만한 영화입니다. '아, 그렇지. 노팅힐은 최고의 classic romantic comedy지. 당연히 최고지!' 그래서 상대가 한 말에 '두 말할 나위없지!' 라는 반응을 할 때 쓸 수 있어요.

Natch. **Nat**urally예요. 무슨 뜻이죠? '당연하지.' 이 말을 줄여서 **Nat**ch라고 말하기도 합니다.

> **TIP**　**Nat**urally할 때 a가 입 크게 벌리는 apple 소리예요. 입을 최대한 크게 크게 벌려 줍니다. **Nat**urally. 거기서 나온 말이니까, **Nat**ch.

> **음소단위**　a (ǽ)
> apple 소리로 잘 알려진 이 음소 단위는 내 입에서 매우 부담스러운 발음입니다. 입 아래, 위, 양 옆에 누가 실을 걸어놓고 네 방향으로 당긴다고 생각하세요. 턱관절도 상당히 아래로 내려갑니다. 모음 중에 가장 입을 크게 벌리는 음소단위입니다.

④ **Yeah**, It's **so cla**ssic.
　　D　　d d D'　D

'맞아, 이거 완전히 고전 영화지. 최고지. 대표적인 로맨틱 코미디지.'
표현할 때도 c 음소단위 제대로 소리 내며 **cla**ssic, '**클래**식' 해주세요.

자, 이제 소리튜닝 반복훈련을 시작해볼까요?

Part 3 소리 반복훈련

 MP3 파일 듣기

① **What**'s your **fa**vorite ro**man**tic **co**medy?
② I **have two**. It's **Not**ting **Hill** and....
③ **Nat**ch.
④ **Yeah**, It's **so cla**ssic.

> **TIP** 완전히 외울 때까지 발음하면서 Writing도 반복하세요!

훈련 체크 ☐☐☐☐☐☐☐☐☐☐

Part 4 한-영 훈련

① 제일 좋아하는 로맨틱 코미디 영화가 뭐예요?
② 저는 두 개가 있어요. 〈노팅 힐〉이랑…
③ 당연하죠!
④ 네! 정말 최고죠.

> **TIP** 소리튜닝 배운 대로 하루 동안 틈나는 대로 무한 반복해서 외우세요! 한글을 보면서 영어문장이 자동적으로 떠오를 때까지.

훈련 체크 ☐☐☐☐☐☐☐☐☐☐

Part 5 표현 저널 쓰기 Expression journal

classic

비교불가 수준의 · 최고의 / 전형적인 / 전통적 · 고전적

> classic이라는 단어는 굉장히 다양한 상황에서 많은 방법으로 쓰입니다. 그래서 한마디로 정의하기가 힘들지요. 여러 가지 예를 보시면서 감을 잡아가시는 게 좋습니다.
> 첫 번째는, 'it's really cool, it's really nice.' '와우, 최고네!' 조금 더 구체적으로 말하면 시간이 지나서도 계속 기억될 만한 가치가 있을 정도로 최고라는 뜻입니다. 두 번째는, '전형적인'이라는 의미입니다. 세 번째는, '고전적인'이라는 의미입니다. 'classic movie, classic music' 이렇게 쓸 수 있겠죠. '그 당시를 풍미했던 영화야.' 이밖에도 뉘앙스가 정말 다양하게 많습니다.

1. That's a classic novel.
   (그건 명작 소설이야.)
2. He is a classic example of a kid who's clever but lazy.
   (걔는 똑똑한데 게으른 전형적인 그런 아이예요.)
3. What is your favorite classic movie?
   (네가 가장 좋아하는 고전 영화가 뭐야?)
4.

5.

Day 22 It's so classic

Day 23 대표문장

It's about time!
때가 됐죠!

2015년 8월 5일, NBC의 〈엘렌 드제너러스 쇼(The Ellen DeGeneres Show)〉에 미국의 영화배우 케빈 스페이시가 출연했습니다. 드라마 〈하우스 오브 카드(House of Cards)〉에서 미국 대통령으로 나왔죠. 그는 '2015 골든글로브' 시상식에서 남우주연상을 수상했습니다. 엘렌이 축하해주네요.

Part 1 오늘의 예습 Today's Preview

① Congratulations, after finally, eight nominations,
② you finally win a Golden Globe.
③ It's about time!
④ Yes, I have.

① 축하드립니다. 8번이나 후보에 오른 끝에,
② 마침내 골든 글로브 상을 받네요.
③ 때가 됐죠!
④ 네, 받았죠.

단어와 표현

* **Congratulation** [kəngrætʃʊleɪʃən 컨그**래**츌레이션]
  ① 명사: 축하 (뒤에 -s가 없으면 축하 행위를 뜻하는 명사로 쓰입니다.)
  ② Congratulations: 축하해! 보통 뭔가를 성취한 것에 대한 축하함을 표현합니다. 그래서 생일이나 크리스마스에 쓰는 것은 어색합니다.
* **nomination** [ˌnɑːm- 나미**네이**션]   지명, 추천, 임명
* **win** [wɪn 윈]
  ① 이기다 ② (경쟁에서 이겨서) 따다 ③ (노력을 통해) 얻다

Part 2 오늘의 소리튜닝 Today's Vocal Tuning

① Con**gra**tu**la**tions,
        D

   after **fi**nally, **eight no**mi**na**tions,
      d D   D   D

② you **fi**nally **win** a **Gol**den **Globe**.
    d D   D' d D   D'

③ It's about **time**.
   d d   d   D

④ **Yes**, I **have**.
   D' d D

> **Main Sentence**
>
> It's about **time**!
> d d d   D

<u>It's about **time**</u>. '때가 됐지.'라는 뜻으로 쓸 수 있습니다. 여기에 너무 늦었다는 의미까지 가지고 있습니다.

Something should have happen already. 벌써 했었어야지, 너무 늦었잖아. 이런 뉘앙스까지 있는 것입니다.

① Con**gra**tu**la**tions,
　　　　　D

after **fi**nally, **eight no**mi**na**tions,
　　d　D　　　　D　　　　　D

Congratu**la**tions. 굉장히 깁니다. **gra**(2강세) **la**(1강세)입니다. 훅 하고 나가야 하는 부분은 1강세인 **la**입니다.
단어가 길어서 꼬일 때는 마치 여러 단어인 것처럼 잘 끊어서 연습했다가 붙이세요. Con**gra** / tu**la**tions. Congratu**la**tions. **la**가 들리게 해주세요.

> **소리규칙**　1강세와 2강세
> 긴 단어들은 보통 1강세와 2강세가 있습니다. 1강세 강세 부분 앞에 ' 표시가 되어 있고, 2강세는 아래에 콤마로 표시되어 있어요. con,gratu'lations 이렇게 표시 됩니다. 훅! 하고 뱉어야 하는 소리는 1강세입니다. 2강세는 음만 높여준다고 생각하고 발음하면 됩니다.

after **fi**nally. finally 발음 어떻게 해요? 뱉듯이 f.
eight. 훅, 한 호흡에 뱉으면서 소리 냅니다.
nomi**na**tions. 꽤 길죠? 1강세, 2강세가 있습니다. **na**가 1강세, **no**가 살짝 2강세. **no** 소리도 살짝 들리는 것입니다.
합해볼까요? **eight** nomi**na**tions.

after **fi**nally, **eight** nomi**na**tions. after에 힘 들어가지 않습니다. d D 리듬으로 **fi**nally 강세 **fi**에서 훅 던져줍니다. **eight**는 t로 끝나고 다음에 자음 n으로 시작하니 살짝 호흡 끊어줍니다.

② you **fi**nally **win** a **Gol**den **Globe**.
　　d　D　　　D'　d　D　　　　D'

you **fi**nally(d D). **fi**nally에서 **fi** 소리 낼 때 훅! 토하듯이 터져줍니다.

> **TIP** win 발음에서 w 발음은 모아진 입술에 진동이 느껴질 정도로 힘이 들어가고 긴장이 들어가셔야 됩니다.

you fi**nally win** a. fi**nally win** 둘 다 내용어지만 단어 연결을 위해 finally에서 훅! 뱉어줍니다. win은 뱉지는 않고 정확한 발음을 내줍니다. **win** a. win a 하지 말고 wina 로 한 단어처럼 소리 내주세요.
Golden Globe. 한 단어로 쓰입니다. 앞에 힘이 들어갑니다. 연결해보겠습니다.

you fi**nally win** a **Gol**den Globe. 시제가 과거여서 win보다 won을 쓰는 게 맞습니다만 영상에서는 win을 썼어요. 한국어로도 '마침내 상을 타셨네요!' 할 수도 있지만 '마침내 상을 타네요!' 라고 할 수도 있지요?

③ It's about **time**!
   d d   d   D

'진작에 탔었어야 되는데!' 이런 의미가 있습니다.

④ **Yes**, I **have**.
   D' d D

Yes는 부사라서 내용어입니다. 그런데 힘을 줄 때도 있고 뺄 때도 있어요.
I **have**. **have**에서 힘을 줍니다. 드디어 제가 해냈네요.

전체 문장 다시 들어보시고요. 여러분이 전체 문장 들으시면서 어디에 귀에 꽂히는지 확인하시고요. 그리고 나서 하루 종일 틈날 때마다 이 문장을 외우고 다니시기 바랍니다. 자, 그럼 소리튜닝 반복훈련을 시작해볼까요?

Part 3　소리 반복훈련

 MP3 파일 듣기

① Con**gra**tu**La**tions, after **fi**nally, **eight no**mi**na**tions,
② you **fi**nally **win** a **Gol**den **Globe**.
③ It's about **time**!
④ **Yes**, I **have**.

> **TIP**　완전히 외울 때까지 발음하면서 Writing도 반복하세요!

훈련 체크　☐☐☐☐☐☐☐☐☐☐

Part 4　한-영 훈련

① 축하드립니다. 8번이나 후보에 오른 끝에,
② 마침내 골든 글로브 상을 받네요.
③ 때가 됐죠!
④ 네, 받았죠.

> **TIP**　소리튜닝 배운 대로 하루 동안 틈나는 대로 무한 반복해서 외우세요! 한글을 보면서 영어문장이 자동적으로 떠오를 때까지.

훈련 체크　☐☐☐☐☐☐☐☐☐☐

Part 5 표현 저널 쓰기 Expression journal

it's about time

> you think something should happen soon or should already have happened. '때가 됐는데.' 혹은 '진작 했어야지.'라는 뉘앙스로 쓰입니다. '벌써 했었어야지 이제서야 됐네.' 이런 의미를 가지고 있습니다.

1. A: They're getting married.
   (걔네 결혼한대.)

   B: It's about time!
   (때가 됐지!)

2. It's about time my brother grows up.
   (내 동생이 철들 때가 됐는데.)

3. It's about time you got here.
   (진작 왔어야지! / 왜 이제 와!)

4.

5.

Day 24
대표문장

I turned it down
제가 거절했죠

2016년 5월 25일, 힐러리 클린턴이 대선 출마 후 〈엘렌 드제너러스 쇼(The Ellen DeGeneres Show)〉에 출연했습니다. 부통령 이상형 월드컵을 하는데, 엘렌이 '당연히 저겠죠?'라고 말합니다.

Part 1 오늘의 예습 Today's Preview

① Well, but I mean, I already offered it to you.
② You didn't sound like you were gonna…
③ I turned it down.
④ You turned it down.
⑤ So it's not me.

① 근데, 전 이미 당신에게 제안했어요.
② 하신다는 말씀 같지가 않았어요….
③ 제가 거절했죠.
④ 당신이 거절했어요.
⑤ 그래요, 제가 아니에요.

단어와 표현

* **offer** [ˈɔːf-; ˈɑːf- 어펄]   ① 제의하다, 권하다   ② 내놓다, 제공하다
* **turn down**   ~을 거절/거부하다
* **already** [ɔːlrédi 얼뤠디]   이미/벌써
* **sound like**   ~처럼 들리다
* **Who'd you rather?**
  '누가 더 나아?' 라는 게임. 우리나라의 '이상형 월드컵' 게임과 비슷합니다.

Part 2 오늘의 소리튜닝 Today's Vocal Tuning

① **Well,** but I mean, I al**rea**dy **o**ffered it to you.
    D   d   d   d   d   D'   D   d d d

② You **didn't sound** like you were gonna…
     d   D'   D   d   d   d   d

③ I **turn**ed it **down**.
     d   D'   d   D

④ You **turn**ed it **down**.
     d   D'   d   D

⑤ So it's **not** me.
     d   dd   D   d

Main Sentence

You **turn**ed it **down**.
   d   D'   d   D

---

turn **down**은 이어동사입니다. 이어동사 규칙은 두 단어를 이어주고 뒤에 힘을 조금 더 준다는 겁니다. turn에 힘이 안 들어가는 게 아니라 들어가는데 **down**이 더 크게 들어갑니다.

I turned it **down**. 원래 리듬은 d D d D입니다. 그런데 down이 더 크죠? 그러면 어떤 리듬이 될까요? d D' d D.
turned it은 연음규칙이 적용됩니다. 자음으로 끝나고 모음시작! turned it 소리는 마치 '**turn**edit' 이런 느낌으로 이어서 소리 냅니다. 그래야 입이 편합니다.

① **Well,** but I mean, I al**rea**dy **o**ffered it to you.
　　D　　d　　d　　d　　d D'　　D　　　d d　d

Well은 기능어일 때가 대부분이지만 내용어일 때도 있습니다. 그래서 힘이 들어갈 때도 있고, 안 줄 때도 있지요. 이 장면에선 힐러리가 w 소리를 제대로 해서 힘을 상당히 줬습니다.

<u>but I mean</u>. 힘 들어가는 게 없습니다. 그래서 빨리 처리합니다. I mean은 특히 추임새로 쓰이는 경우 힘없이 빠르게 해줍니다. 생각의 버퍼링 부분입니다.
<u>but I mean, I already</u>. already는 내용어입니다. 이 단어 자체의 리듬은 d D d입니다. 리듬 먼저 하고 단어 넣어서 훈련합니다.

<u>but I mean, I already offered</u>. 이 경우 already와 **o**ffer 둘 다 내용이입니다. 둘 다 똑같이 힘주면 힘들지요? 여기서는 **o**ffered의 **o**에 훅 뱉었습니다.

<u>offered it to you</u>. **o**ffered it에서 d로 끝나고 바로 it이 나옵니다. 자음+모음이므로 연음처리합니다. 그리고 it 다음 to가 나와서 t가 겹치니까 하나 t를 떨어뜨립니다. 그래서 '**o**fferedito' 이렇게 하나의 단어처럼 연결이 됩니다. **o**에서 훅 뱉어주고 들어오는 소리에 you까지 편하게 처리합니다. **o**ffer는 지방에 따라 **o** 처리를 [ɔ] 할 수도 있고, [a] 소리를 낼 수도 있습니다. 사투리 같은 것입니다. 외국인 입장에서는 둘 다 해도 상관없습니다.

음소단위　　o

음소단위 o는 여러 발음기호가 가능합니다. [ɔ]일 수도 있고 [a]일 수도 있고 [ou]일 수도 있지요. 그때그때 발음기호를 찾아보는 게 좋습니다.

o는 생각보다 입이 크게 벌어지는 소리입니다. 한국어의 '오'라고 생각하면 입이 앞으로 오그라들고 크게 안 벌려집니다. 그런데 생각보다 큰 발음이라서 500원짜리 동전 정도 입이 벌어진다고 생각하고 그 상태에서 훅 힘을 주세요.

offered it to you. you에 힘을 줄 수도 있고 안 줄 수도 있습니다. 원래 힘을 안 주는 게 맞지만 "'너'한테…"라는 식으로 '너'를 강조해서 얘기하면 힘을 주기도 합니다. 일단 여기서는 **o**에 힘이 들어갑니다.

Well, but I mean, I already **o**ffered it to you. 이 문장에서 훅 뱉어지는 소리는 **o**ffered의 o입니다.

② You **didn't sound** like you were gonna...
       d D'   D   d   d   d   d

You didn't **sound** like. 이 문장에서 내용어는 didn't와 sound입니다. 그러나 둘 다 뱉을 수는 없습니다. 힐러리는 **sound**에 뱉었습니다. s 소리는 뱀 지나가는 소리 내면서 훅 뱉으면서 발음해주세요.

like you were gonna. 힘들어가는 부분이 하나도 없습니다. 이어볼까요?
You didn't **sound** like you were gonna... 뒤를 흐리면서 말하는 느낌입니다. '얘 왜 이래 갑자기. 분명히 제안했었는데' 이런 생각이 속으로 들겠죠?

> **소리규칙**   모음이 여러 개 붙어 있을 때는 한 모음 취급한다
>
> sound의 경우 ou 모음이 여러 개 붙어 있죠. 원래 강세가 있는 부분은 길게 소리를 내지만, 원래보다 더 길게 소리를 냅니다! 만약에 모음이 beautiful처럼 eau 3개가 붙어 있다면 더~ 길게 소리 내줍니다.

③ I **turn**ed it **down**.
   d D'   d   D

대표문장입니다. I turned it **down**.
엘렌이 인정합니다. "내가 거절했지."

④ You **turn**ed it **down**.
   d   **D'**   d   **D**

그랬더니 이제 힐러리가 힘을 얻고, "그래, 네가 거절했잖아." 이렇게 얘기합니다.

⑤ So it's **not** me.
   d d d **D**   d

<u>So.</u> so 발음할 때는 샜다가 나옵니다. '오우' 발음이에요. '쏘' 하시면 안 됩니다. '쏘우~'

it's **not** me. t 다음에 자음 오니까 '낫!미' 훅 하고 소리 살짝 끊어주어야 합니다. '난미' 이렇게 연음 처리하면 안 됩니다.

자, 이제 소리튜닝 반복훈련을 시작해볼까요?

Part 3 소리 반복훈련

🎧 MP3 파일 듣기

① **Well,** but I mean, I al**rea**dy **o**ffered it to you.
② You **didn't sound** like you were gonna…
③ I **turn**ed it **down**.
④ You **turn**ed it **down**.
⑤ So it's **not** me.

TIP 완전히 외울 때까지 발음하면서 Writing도 반복하세요!

훈련 체크 ☐☐☐☐☐☐☐☐☐☐

Part 4 한-영 훈련

① 근데, 전 이미 당신에게 제안했어요.
② 하신다는 말씀 같지가 않았어요….
③ 제가 거절했죠.
④ 당신이 거절했어요.
⑤ 그래요, 제가 아니에요.

TIP 소리튜닝 배운 대로 하루 동안 틈나는 대로 무한 반복해서 외우세요! 한글을 보면서 영어문장이 자동적으로 떠오를 때까지.

훈련 체크 ☐☐☐☐☐☐☐☐☐☐

Part 5 표현 저널 쓰기 Expression journal

turn down

거절하다
refuse to accept or agree to something

거절하다는 의미로 정말 많이 쓰는 표현입니다. refuse, reject, decline 등 거절하다라는 의미를 가진 단어는 많지만, 실생활에서 캐주얼하게 쓸 수 있는 단어입니다.

1. Are you gonna turn it down?
   (너 그거 거절할 거야?)
2. The bank turned her down for a loan.
   (은행이 대출을 거절했어.)
3. How do I turn someone down nicely?
   (어떻게 누군가를 잘 거절할 수 있나요?)
4.

5.

끝까지 할 수 있을까요?
힘들어요!

벌써 며칠째인가요? 벌써 24일차입니다. 시간은 점점 흐르고 실력은 정말 좋아지고 있죠. 보통 100일 정도의 프로젝트를 진행할 때 가장 힘든 것이 무엇일까요? 자기 자신입니다. 내 엉덩이 들어서 공부하는 데까지 데리고 가는 것도 너무 힘듭니다.

하지만 생각해보세요. 우리는 굳이 공부하는 데까지 안 가도 됩니다. 책 펴고, 강의 재생시키고 따라하다 보면? 좋아집니다! 긍정적으로 편하게 생각하셨으면 좋겠습니다.

Day 25 대표문장
What's the big deal?
그게 뭐 대수야?

미국의 프로그램 개발 회사 '콜드퓨전(ColdFusion)'은 2016년 1월 7일, 유튜브 채널에 '스페이스X(Space X)'에 대한 영상을 업로드했습니다. '스페이스X(Space X)'는 엘론 머스크가 설립한 회사이지요. 우주선 발사에 성공한 '스페이스X'의 방식은 무엇이 다른지 설명합니다.

Part 1 오늘의 예습 Today's Preview

MP3 파일 듣기

① Okay, so, that's all nice.
② But really, what's the big deal?
③ Well, firstly,
　　Elon's methods are drastically cheaper.
④ Let me explain.

① 그거 다 멋지죠.
② 근데 정말로, 그게 뭐 대수냐고요?
③ 글쎄, 일단 엘론의 방식은 훨씬 더 저렴해요.
④ 설명해드리죠.

단어와 표현

* **deal** [di:l **디**얼]
  ① 처리하다, 다루다 ② 거래, 합의 ③ 취급, 처리
* **method** [ˈmeθəd **메**써드] 방법
* **drastically** [dræstikəli 드**뤠**스티컬리] 과감하게, 철저하게, 대폭

Part 2 오늘의 소리튜닝 Today's Vocal Tuning

소리튜닝 Day25

① O**kay**, so, that's **all nice**.
   D   d   d d D D'

② But **rea**lly, what's the **big deal**?
   d   D   d d d D' D

③ Well, **fir**stly,
   d   D

   E**lon**'s **me**thods are **dra**stically **chea**per.
   D' d D   d   D   D'

④ Let me ex**plain**.
   d   d   D

Main Sentence

what's the **big deal**?
d   d d D'   D

<u>What's the.</u> 의문사는 내용어입니다. 그런데 힘을 줄 때도 있고 기능어처럼 처리할 때도 있어요. 여기선 기능어처럼 소리가 뭉개졌지요. 대신 big과 deal이 이 문장의 내용어입니다. 두 개가 붙어 있으니 훅 하고 나가는 소리는 하나만 결정해줍니다. 영상에서는 **deal**에 훅 뱉어줬습니다.
<u>What's the big **deal**?</u> 여기서 **deal** 발음 잘하셔야 합니다. 모음 다음에 오는 l은 dark l입니다. dark l은 혀 안쪽을 목구멍 안쪽으로 당긴다는 느낌으로 '얼' 소리를 내줍니다. 약간 '**디**얼'처럼 들려요.
얼은 말하는 사람만 느껴지게 소리내주세요. '얼!' 하고 독립적으로 들리지 않게 해주세요.

① O**kay**, so, that's **all nice**.
　　D　　d　　 d　　d D　　D'

O<u>kay, so, that's **all** nice</u>. o**kay**는 '오케이'하지 않습니다. o는 '어' 정도밖에 소리 나지 않습니다. '어**케이**' 라는 느낌으로 소리 냅니다.

이 문장에서 중요한 내용어는 all과 nice입니다. 그런데 두 단어가 연달아 있으니 둘 중 하나를 골라서 힘을 더 줍니다.
여기서는 **all**에 훅 뱉어줬습니다. 역시 모음 다음 나온 dark l입니다. '얼'하고 당겨 주세요. **all**에서 뱉고 들어오는 소리에 nice 연결해주시면 됩니다.

② But **rea**lly, what's the **big deal**?
　　d 　　D　　　 d　　d 　 D'　 D

'나사도 옛날에 우주선 성공했는데, 그게 뭐? 나사는 벌써 끝낸 건데.' 이런 느낌으로 말하고 있습니다.

<u>But **rea**lly</u>. **rea**lly에 힘 들어갔습니다.
<u>what's the big **deal**</u>? 대표문장입니다.

③ Well, **fir**stly,
　　 d　　D

E**lon**'s **me**thods are **dra**stically **chea**per.
D'　d　　 D　　　 d　　D　　　　 D'

<u>Well, **fir**stly,</u> fi(r)s(t)ly에서 괄호 친 부분들의 소리는 생략 가능합니다. 영국식의 경우 r 소리를 생략하고 미국식은 r 소리를 살려줍니다. firstly에서 t는 보통 생략됩니다. 그래서 '펄스틀리'가 아니라 '펄슬리'라는 느낌이지요. f 소리는 윗니가 아랫입술을 물고 터지는 소리로 제대로 해줍니다.

Well, **fir**stly, Elon's **me**thods. **me**thod에서 **me**에 힘이 들어갑니다. 나갔다가 들어옵니다. '메써드' 아니고 '**메**|써ㄷ' th 소리를 위해 이 사이로 혀 살짝 내밀고 소리 내주세요.

drastically. '엄청난'이라는 뜻입니다. 그래서 항상 약간 오버해서 말할 수밖에 없어요.

drastically cheaper. '훨씬 더 싸. 엄청나게 싸.'라는 의미입니다.

cheper 단어는 ch 음소단위를 위해 이가 버니 정도 보이게 입술을 뒤집고 혀끝은 치경에 댄 후에 소리를 냅니다. 모음 ea는 긴 장모음 '이'입니다. 그리고 강세가 없는 p는 된소리가 나서 '뻘' 소리로 냅니다.

연결해볼까요? Elon's **me**thods are **dra**stically cheaper.

④ Let me ex**plain**.
    d d   D

Let me. Let(d) me(d)까지 기능어로 처리합니다.

ex**plain**. 단어 자체는 d D 리듬입니다. 훅 하고 내뱉어주세요. 한 호흡으로 끝나기만 하면 됩니다.

연결해볼게요. Let me ex**plain**(d d dD).

자, 이제 소리튜닝 반복훈련을 시작해볼까요?

Part 3 소리 반복훈련

 MP3 파일 듣기

① O**kay**, so, that's **all nice**.
② But **rea**lly, what's the **big deal**?
③ Well, **fir**stly,
   E**lon**'s **me**thods are **dra**stically **chea**per.
④ Let me ex**plain**.

> **TIP** 완전히 외울 때까지 발음하면서 Writing도 반복하세요!

훈련 체크 ☐☐☐☐☐☐☐☐☐☐

Part 4 한-영 훈련

① 그거 다 멋지죠.
② 근데 정말로, 그게 뭐 대수냐고요?
③ 글쎄, 일단 엘론의 방식은 훨씬 더 저렴해요.
④ 설명해드리죠.

> **TIP** 소리튜닝 배운 대로 하루 동안 틈나는 대로 무한 반복해서 외우세요! 한글을 보면서 영어문장이 자동적으로 떠오를 때까지.

훈련 체크 ☐☐☐☐☐☐☐☐☐☐

Part 5 표현 저널 쓰기 Expression journal

what's the big deal?

그게 뭐 어쨌다고?

직역하면 "그게 뭐 큰 거래인데?"입니다. 그래서 '그게 뭐? 어쨌다고? 그게 뭐 대수인데?' 라는 의미로 쓰입니다. 이 표현, 뉘앙스를 잘 살리세요.
I know. I was late. What's the big deal?
알아. 나 늦었어. 그래서 어쩌라고?

1. So I'm late. what's the big deal?
   (그래 나 늦었어. 그게 뭐? 어쩌라고?)
2. I know it was a big deal for many people.
   (그게 많은 사람들에게 참 중요한 일이었다는 거 알아.)
3. It's no big deal!
   (별일 아냐!)
4.

5.

Day 26 대표문장
To be honest with you
솔직히 말하면

미국의 남성 잡지 〈GQ〉가 영국의 배우 니콜라스 홀트와의 인터뷰 영상을 유튜브 채널을 통해 2015년 5월 7일 공개했습니다. 사람들이 물어본 질문을 토대로 대답하고 있는 장면입니다. 영국식 영어입니다.

Part 1 오늘의 예습 Today's Preview

MP3 파일 듣기

① Do you enjoy giving people advice?
② Not really.
③ To be honest with you,
④ I don't think people should listen to my advice.

① 사람들에게 조언 주는 걸 좋아하나요?
② 그다지요.
③ 솔직히 말하면,
④ 사람들이 내 조언을 들어야 한다고 생각하지 않아요.

단어와 표현

* advice [əd'vaɪs 어드**바**이스]   조언, 충고
* honest [ˈɑːn- **아**―니스트]
  ① 정직한 ② 솔직한 ③ 순수/정직해보이는

Part 2 오늘의 소리튜닝 Today's Vocal Tuning

① Do you en**joy gi**ving **peo**ple ad**vi**ce?
　d　　d　　D　　D　　D'　　　D

② **Not rea**lly.
　D　　D'

③ To be **ho**nest with you,
　d　d　D　　　d　　d

④ **I don't think peo**ple should
　d　D'　　D'　　D　　　　d

　　listen to my ad**vi**ce.
　　D　　　d　d　　D

Main Sentence

To be **ho**nest with you,
d　d　D　　　d　　d

리듬이 굉장히 단순합니다. d d D d d.
honest만 빼면 다 기능어입니다. 나머지는 정말 빠르게 말할 수 있겠죠. 이런 소리가 귀에 실제로 들릴 때는 뭉개져서 들립니다. '**ho** : nest' 반드시 길게 소리내주셔야 합니다. 내용어 악센트, 길게 늘려주셔야 합니다.

> **TIP** honest에서 h는 묵음입니다. '하니스트' 하지 않습니다. '아니스트'라고 소리 냅니다.

① Do you enjoy giving people advice?
　　　　　d　d　D　　D　　D'　　　D

<u>Do you en**joy**</u>(d d D). enjoy는 '엔조이'라고 소리 내지 않습니다. en은 강세가 없으니 멍청한 표정에 입에 힘 들어가지 않습니다. 하지만 자음 소리는 내줘야 해요. n은 혀의 끝이 입천장 가장 편한 데 대시고 최대한 멍청한 표정을 지어주세요. 그렇게 연결하면 어떤 리듬이죠? d D. en**joy**.

> **음소단위**　　j
>
> j(유성음) 소리의 쌍이 되는 소리는 ch(무성음)입니다. 입모양은 입술을 살짝 까뒤집고 이가 6개 정도 균등하게 보이게 해주세요. 혀는 입천장에 톡 튀어나온(치경) 부분에 대고, d 소리 내듯 혀는 처리해주고, 입모양만 달리하면 됩니다. 입모양을 한국어로 '좌' 한다고 생각해보세요. '조' 하시면 안 돼요. 음소단위 연습할 때는 배에 힘을 주셔야 돼요.

giving. '기빙' 아닙니다. 한 호흡으로 처리합니다. '**기**빙' 확 던져주셔야 합니다.
<u>people</u>. '피플'도 아니고 '뻬쁠'도 아니고 '**피**쁠'입니다. p는 터지는 소리입니다. eo 발음은 길어야 합니다. 모음이 두 개 있을 때는 원래보다 더 길다고 했죠. 뒤에 p는 강세가 없습니다. 강세 없는 p는 된소리가 나옵니다.
<u>ad**vi**ce</u>(d D). '어드바이스'가 아니라 '어드**바이**스' 훅 던져주세요.

giving people ad**vi**ce. 이어보니 다 내용어입니다. 다 훅 훅 뱉어주면 소리가 끊어지고 입이 꼬일 수 있어요. 내용어 중에서도 내가 강조하고 싶은 1등, 2등, 3등을 정해줘야 합니다. 어디에 힘을 빼고 어디에 힘을 좀 더 줄지 결정합니다. 이 장면에선 **gi**ving과 ad**vi**ce에 좀 더 힘이 훅 들어갔습니다. 크지는 않아도 미세하게 느껴지죠.

그런데 니콜라스 홀트가 말할 때 생각하면서 말하느라 좀 끊었어요.
<u>Do you en**joy**</u> / **gi**ving people ad**vi**ce? 두 개의 의미단위입니다. 이어서 말하는 게 힘들면 이런 식으로 중간에 쉬었다가 말해도 괜찮습니다.

② **Not rea**lly.
　　　D　　D'

Not really. t 다음에 자음이죠. 그러면 끊어주셔야 합니다. 연음 처리하시면 안 됩니다. 그래서 '낫.뤼얼리' 이런 느낌으로 해주세요. '난뤼얼리' 이렇게 연음 처리하지 않습니다. **Not** really의 뜻은 yes도 아니고 no도 아닌 것입니다.

③ To be **ho**nest with you,
　 d　d　D　　　　 d　　d

이제 대표문장입니다. '솔직히 말하면,' 이라는 뜻이죠.

④ **I don't think peo**ple should **li**sten to my ad**vi**ce.
　　d　 D'　　D'　　D　　　　　d　　　 D　　d　d　　D

I don't think. "나는 그렇게 생각하지 않아."라고 할 때 I에 힘이 많이 들어가는 편입니다. 기능어이지만 살리고 싶은 뉘앙스에 따라 달라집니다.
people should(D d). **peo**에서 훅 뱉고, 들어오는 소리에 -ple should까지 처리합니다.
listen to(D d). 리듬 먼저 연습해주세요. **li**sten to에서 '**li**' 강세 부분 길게 던져주세요. to는 강세가 없으니까 멍청음 처리해줍니다. '투'라고 하지 않고 '터' 정도인데 이것도 힘주면 안 됩니다.
my ad**vi**ce. my 기능어, ad**vi**ce 내용어입니다. 연결해볼까요. ad**vi**ce에서 '**vi**'에서 훅! 뱉어줍니다.

people should **li**sten to my ad**vi**ce. 아무리 빨라도 내용어에 악센트가 꽂히셔야 합니다. 내용어 악센트에서 훅 훅 뱉는 느낌이 있으셔야 합니다.
I don't think / **peo**ple should **li**sten to my ad**vi**ce.

자, 이제 소리튜닝 반복훈련을 시작해볼까요?

Part 3　소리 반복훈련

 MP3 파일 듣기

① Do you en**joy gi**ving **peo**ple ad**vi**ce?
② **Not rea**lly.
③ To be **ho**nest with you,
④ **I don't think peo**ple should **li**sten to my ad**vi**ce.

TIP　완전히 외울 때까지 발음하면서 Writing도 반복하세요!

훈련 체크　☐☐☐☐☐☐☐☐☐☐

Part 4　한-영 훈련

① 사람들에게 조언 주는 걸 좋아하나요?
② 그다지요.
③ 솔직히 말하면,
④ 사람들이 내 조언을 들어야 한다고 생각하지 않아요.

TIP　소리튜닝 배운 대로 하루 동안 틈나는 대로 무한 반복해서 외우세요! 한글을 보면서 영어문장이 자동적으로 떠오를 때까지.

훈련 체크　☐☐☐☐☐☐☐☐☐☐

Part 5 표현 저널 쓰기 Expression journal

to be honest (with you)

솔직히
used when you tell someone what you really think

1. She horrifies me, to be honest.
   (솔직히, 그녀가 나를 소름끼치게 했어.)
2. I had to be honest with them.
   (난 그들에게 솔직해야만 했어.)
3. To be honest, I think you're really good at soccer.
   (솔직히, 넌 축구를 정말 잘하는 것 같아.)
4.

5.

Day 27 대표문장

Take a chance!
모험 한 번 해보세요!

미국에서 주최되는 연례 국제 콘퍼런스, TED에서 인지과학자 톰 그리피스가 강연을 했습니다. 그는 더 좋은 의사 결정을 위한 방법을 제시합니다. 그 방법은 컴퓨터처럼 생각하기라고 하네요.

Part 1 오늘의 예습 Today's Preview

MP3 파일 듣기

① You don't have to go to the very best restaurant every night.
② Take a chance!
③ Try something new, explore.
④ You might learn something.

① 매일 저녁 최고의 레스토랑에 갈 필요는 없어요.
② 모험 한 번 해보세요!
③ 새로운 곳을 시도하고, 탐색하세요.
④ 뭔가 배우게 될 겁니다.

단어와 표현

* **restaurant** [réstərənt 우**뤠**스터런트] 식당, 레스토랑
* **explore** [ɪkˈsplɔː(r) 익스**쁠**로얼]
  ① 답사/탐험/탐사하다 ② 탐구하다
* **learn** [ləːrn 을**런**]
  ① 배우다, 학습하다 ② ~을 알게 되다 ③ 외우다, 암기하다

Part 2 오늘의 소리튜닝 Today's Vocal Tuning

소리튜닝 Day27

① You **don't** have to **go**
   d   D   d d D

   to the **very be**st **re**staurant every **night**.
   d d   D   D'   D   d   D

② **Take** a **chan**ce!
   D d D'

③ **Try** something **new**, ex**plore**.
   D   d   D   D

④ You might **learn** something.
   d   d   D   d

Main Sentence

Take a **chan**ce!
 D d D'

<u>**Take**</u> a(D d). **take**는 발음기호로 e 소리가 나지 않고 k로 끝납니다. 'tak a', 즉 자음 + 모음입니다. '**ta**ka' 하고 붙습니다.

take에서 훅 뱉었는데, chance까지 뱉으면 힘들겠죠? **take**에 훅 뱉든지 chance에 뱉든지 결정합니다.

Day 27   Take a chance!

① You **don't** have to **go**
    d   D   d   d D

to the **very be**st **re**staurant every **night**.
d d   D   D'   D   d   D

<u>You **don't** have to</u>(d D d d). t 다음에 h, 즉 자음이 오네요. 소리가 살짝 끊어집니다.

<u>**go** to the</u>(D d d). to가 기능어로 힘이 들어가지 않습니다. t에 강세가 들어가지 않을 때 ㄷ/ㄹ 소리가 들려서 '투'라고 안하고 '루' 정도로 힘없이 처리합니다. the도 거의 항상 기능어입니다. the에서도 정확한 th 소리 내주지 않습니다. 이때 th는 [ð] (돼지꼬리 발음)입니다. 정확하게 발음하려면 혀가 이 사이에 나오는데 기능어인 경우 그럴 시간이 없어요. 그래서 보통 윗니 뒤쪽에 혀를 닿게 하고 끝냅니다.

이어볼까요? <u>You **don't** have to **go** to the</u>.

<u>best</u>. b 음소단위 제대로 해서 입술을 터뜨려줍니다.
<u>**re**staurant</u>는 r 음소단위 입모양 장착하시고요. r이니까 '우뤠스터런ㅌ'입니다. '우' 했다가 발음해주세요. 이 단어의 리듬은 D d d입니다. 한 호흡으로 던져줍니다. 이때 best도 힘 줄 수 있고, **re**staurant도 힘 줄 수 있습니다. 둘 다 똑같이 힘주면 끊어지죠. 그래서 훅 나가는 단어 하나를 정합니다. 여기서는 **re**staurant에 훅 뱉었어요.

<u>best **re**staurant</u>. t 다음에 역시 r이니까 살짝 호흡을 끊어서 처리하세요.

<u>every **night**</u>. '나이트' 아니라 '은나이ㅌ'입니다. n은 혀끝을 입천장 톡 튀어나온 곳에 대고 힘을 주면 '은' 하는 느낌이 나지요. 마치 '은' 했다가 '나이트'라고 한다는 느낌으로 혀끝에 힘을 주세요.
every와 **night** 둘 다 내용어지만 **night**에 훅 뱉어줬어요. every 힘 빼고 **night**와 이어줍니다.

내용어 중에서도 소리 던질 것만 정해서 이어볼까요?
You **don't** have to **go** to the **very** best **re**staurant every **night**.

② **Take** a **chan**ce!
　　D　　d　　D'

오늘의 대표문장입니다.
한번 도전해봐. 시도해봐. 모험을 해보라고! **Take** a **chan**ce!

③ **Try** something **new**, ex**plore**.
　　D　　　　d　　　D　　　　D

Try. '트라이' 아닙니다. Tr 발음은 '**츄**' 느낌으로 한 번에 훅 하고 던져주는 겁니다.

Try something **new**(D d D). something에는 힘이 들어가지 않습니다.

ex**plore**(d D)입니다. 훅 하고 나가셔야 됩니다. **plore**에서 훅 뱉어주세요. explore에서 x는 소리가 'ks'이죠. 그래서 '익스' 그리고 s 다음 바로 나오는 p는 된소리가 나온다는 규칙이 있죠. 그래서 '익스**쁠로얼**' 이런 소리가 나옵니다.

> **음소단위**　x
>
> x는 ks 소리입니다. relax → relak s 이런 느낌으로 소리 내줍니다. relak까지 소리를 내면 '릴렉'입니다. k가 있기 때문에 '릴레'가 아니고 '릴렉'이 되는 거예요. 그리고 뒤에 바로 s 처리해주기 위해 뱀 지나가듯이 스~ 하면서 새는 소리 넣어줍니다. 그래서 x는 s가 아니라는 점을 꼭 기억하세요.

④ You might **learn** something.
   d   d   D   d

이 문장에서 내용어는 **learn**밖에 없습니다. **learn**만 들리면 됩니다.
그럼 이 소리는 가능한 정확한 발음으로 할 필요가 있습니다. 앞에서 배웠던 light l 소리 기억하시나요? 제대로 혀끝에 힘을 주고 '을**러얼**ㄴ' 이렇게 소리 내주세요!

> **음소단위**　l vs. r
>
> 입모양, 혀 위치가 다 달라서 헷갈리면 안 되는 음소단위들입니다. 무엇보다 l은 '을' 하면서 시작하고, r은 '우' 하면서 시작한다고 생각하면 더 확실하겠죠?

자, 이제 소리튜닝 반복훈련을 시작해볼까요?

영어식 사고가 가능할까요?

영어식 사고를 해야 한다고 강조하는 영어 전문가들이 있습니다. 하지만 이미 한국어 사고로 20여 년의 세월을 살아온 우리가 갑자기 영어식 사고를 할 수 있을까요? 영어로 말할 상황이 생기면 우선 한국어부터 떠오르는 게 현실입니다.

Part 4의 한국어를 보면서 영어로 말하기 훈련은 제가 통역사 시험 준비를 할 때 했던 훈련법입니다. 한국어로 사고하는 우리에게는 한국어를 떠올렸을 때 영어로 바로 나오게 연습하는 것이 최고죠!

Part 3 소리 반복훈련

🎧 MP3 파일 듣기

① You **don't** have to **go**
   to the **very be**st **re**staurant every **night**.
② **Take** a **chan**ce!
③ **Try** something **new**, ex**plore**.
④ You might **learn** something.

> **TIP** 완전히 외울 때까지 발음하면서 Writing도 반복하세요!

훈련 체크 ☐☐☐☐☐☐☐☐☐☐

Part 4 한–영 훈련

① 매일 저녁 최고의 레스토랑에 갈 필요는 없어요.
② 모험 한 번 해보세요!
③ 새로운 곳을 시도하고, 탐색하세요.
④ 뭔가 배우게 될 겁니다.

> **TIP** 소리튜닝 배운 대로 하루 동안 틈나는 대로 무한 반복해서 외우세요! 한글을 보면서 영어문장이 자동적으로 떠오를 때까지.

훈련 체크 ☐☐☐☐☐☐☐☐☐☐

Part 5 표현 저널 쓰기 Expression journal

take a chance!

(실패할 가능성이 있지만) 한 번 해보다 / 운에 맡기다

> '시도와 도전'을 뜻합니다. '한 번 해보는' 모험입니다. Take an opportunity 와 절대 헷갈리면 안됩니다. chance와 opportunity는 같은 뜻, 비슷한 뜻 이니까 헷갈릴 수 있습니다. 그러나 Take a opportunity. 이 문장은 '모험, 시도'라는 느낌보다 "기회를 획득하셨습니다.", "기회를 얻었어." 이런 말입니다.

1. I'm taking a chance on starting my own business.
   (내 사업 시작을 한 번 해보려고.)
2. After losing a lot of money,
   I'm not taking any chances this time.
   (많은 돈을 잃은 이후, 이번엔 어떤 도전도 안 할 거야.)
3. Dennis was not a man to take chances.
   (데니스는 모험할 사람이 아니었어.)
4. It is not worth taking any chances.
   (그건 도전할 가치가 안 돼.)
5.

Day 28
대표문장

I was too afraid to do it
저는 그걸 하는 것이 너무 두려웠어요

2018년 4월, TED에서 전문 암벽등반가 알렉스 호놀드가 3000피트 절벽을 로프 없이 오른 이야기를 합니다. 암벽을 오를 때의 어려움들이 우리 삶의 어려운 순간 순간의 어려움 그리고 결정력과 같겠지요?

Part 1 오늘의 예습 Today's Preview

MP3 파일 듣기

① My mind was racing in every direction.
② I knew what I had to do,
③ but I was too afraid to do it.
④ I just had to stand up on my right foot.

① 제 마음이 이리저리 뛰고 있었어요.
② 제가 무엇을 해야 하는지 알았지만,
③ 그렇지만 그걸 하는 것이 너무 두려웠어요.
④ 오른발을 이용해서 일어서야 했어요.

단어와 표현

* **mind** [maind 마인드] ① 마음, 정신 ② 머리, 정신, 생각
* **direction** [dirékʃən 디렉션] 방향
* **race** [reɪs 우뤠이스]
  ① 경주, 달리기 시합, 경쟁 ② 경주하다
  ③ (두려움/흥분 등으로 뇌/심장 기능 등이) 바쁘게/정신없이 돌아가다
* **be afraid**   두려워하다   유의어: scared, frightened
* **stand up**   서 있다

Part 2 오늘의 소리튜닝 Today's Vocal Tuning

① My **mind** was **ra**cing in **e**very di**rec**tion.
   d   **D**   d   **D**   d **D**   **D'**

② I **knew** what I had to **do**,
   d **D**   d   d d d **D**

③ but I was **too** af**rai**d to **do** it.
   d d d   **D'**   **D**   d **D** d

④ I just had to **stand up** on my **right foot**.
   d d   d d   **D'**   d d d   **D**   **D'**

Main Sentence

I was **too** af**rai**d to **do** it.
d d   **D'**   **D**   d **D** d

I was too에서 too는 부사이므로 내용어입니다.

af**rai**d 역시 내용어입니다. too af**rai**d 중 어디든 훅 뱉어도 괜찮습니다. 보통은 too가 '너무'라는 강조를 나타내는 단어이므로 too에 훅 뱉어줍니다. 여기서는 af**rai**d에 뱉어줬습니다.

I was too af**rai**d. 나 너무 무서웠어. 뭐가?
to **do** it(d D d). ba**na**na와 같은 리듬입니다. to **do** it.

이제 합쳐볼까요? I was too af**rai**d to **do** it.

① My **mind** was **ra**cing in **e**very di**rec**tion.
　d　　D　　d　　D　　　d　D　　　　D'

My **mind** was(d D d). 이것도 ba**na**na 리듬이죠.
racing. r 장착하시고요. '우뤠이싱.' 연결해볼게요.

My **mind** was **ra**cing(d D d D).

> **TIP**　내용어는 반드시 정확한 소리가 나오는 게 좋습니다. 내용어 소리가 정확하게 나오지 않으면 못 알아듣는 경우가 생깁니다. 왜냐하면 중요한 단어가 제대로 안 들리기 때문입니다. 가능한 문장의 내용어, 악센트부터 정확한 소리와 리듬, 강세를 알고서 연습하는 게 좋습니다.

in **e**very direction. in은 전치사니까 기능어입니다. **e**very, direction 이 두 단어 모두 내용어입니다. 둘 중 뭐에든 훅 뱉어줘도 되지만 보통 **e**very의 **e**에 힘이 들어가곤 합니다. **e**very의 **e**에 힘 주고 길게 해줍니다.

My **mind** was **ra**cing in **e**very direction.

② I **knew** what I had to **do**,
　d　D　　　d　d　d　d　D

I **knew**(d D). 충분히 연습하고 다음 의미단위 연결해줍니다.
What I had to **do**(d d d d D).

I **knew** what I had to **do**. '나도 뭘 해야 될지는 알았어.'라는 뜻이죠.

> **소리규칙**　had to에서 d와 t는 같은 소리입니다. 유성음, 무성음의 차이만 있을 뿐이죠. 그런 것들이 같이 있을 때는 보통 하나가 빠지고 뒤의 것이 처리가 됩니다. 그래서 had to가 아니라 ha(d) to.

③ but I was **too** af**rai**d to **do** it.
   d d d   D'   D   d D d

대표문장입니다. '그걸 하기가 너무 무서웠어.' 그런데 한 거죠. 뭘 했을까요?

④ I just had to **stand up** on my **right foot**.
  d d   d   d   D'   d d d   D   D'

<u>I just had to</u>. 힘없이 빠르게 복화술하듯이 처리합니다.
<u>stand **up**</u>. 이어동사입니다. 이어동사이므로 이어서 소리 내고 뒤에 있는 up에 음을 좀 더 높여줍니다.
<u>on my **right** foot</u>. on my 기능어입니다. 멍청음 처리해주세요. '온마이' 이렇게 소리 나지 않습니다. '언마이' 정도로 입을 편하게 해주세요. right는 r 소리 제대로 해서 '우**롸**잇'이라는 느낌으로 소리 냅니다. t 다음 foot 나옵니다. 't + 자음' 규칙입니다. right 다음 살짝 호흡을 끊어줍니다. right에 훅 뱉어주고 들어오는 소리에 foot 처리합니다.

> **소리규칙**   s 다음에 나오는 t
>
> s 다음에 바로 나오는 t는 된소리가 나와요. 그래서 stand는 'ㅅ땐ㄷ'라는 느낌으로 소리를 냅니다. sting는 'ㅅ띵' 이렇게 소리를 냅니다.

<u>I just had to stand **up** on my **right** foot</u>. 오른쪽 발로만 지탱해야만 했다고 합니다. 너무 무서웠고, 가슴이 쿵쾅쿵쾅 뛰었고, 너무 무서워서 뭘 해야 될지는 알겠는데 그걸 하기에는 너무 무서웠던 겁니다. 그랬을 때 한 발짝 그냥 디뎌본 것입니다. '오른쪽 발로 한 번 지탱해봤다.'

자, 이제 소리튜닝 반복훈련을 시작해볼까요?

Part 3 소리 반복훈련

 MP3 파일 듣기

① My **mind** was **ra**cing in **e**very di**rec**tion.
② I **knew** what I had to **do**,
③ but I was **too** af**rai**d to **do** it.
④ I just had to **stand up** on my **right foot**.

TIP 완전히 외울 때까지 발음하면서 Writing도 반복하세요!

훈련 체크 ☐☐☐☐☐☐☐☐☐☐

Part 4 한–영 훈련

① 제 마음이 이리저리 뛰고 있었어요.
② 제가 무엇을 해야 하는지 알았지만,
③ 그렇지만 그걸 하는 것이 너무 두려웠어요.
④ 오른발을 이용해서 일어서야 했어요.

TIP 소리튜닝 배운 대로 하루 동안 틈나는 대로 무한 반복해서 외우세요! 한글을 보면서 영어문장이 자동적으로 떠오를 때까지.

훈련 체크 ☐☐☐☐☐☐☐☐☐☐

Part 5　표현 저널 쓰기 Expression journal

be afraid of 명사
be afraid to 동사

～을 두려워하다

1. Don't worry! it's nothing to be afraid of.
   (걱정 마세요. 그건 그렇게 걱정할 일이 아녜요.)
2. I've always been afraid of heights.
   (나는 항상 높은 게 두려워.)
3. Don't be afraid to say what you think.
   (네 생각을 말하는 걸 두려워하지마.)
4.

5.

Review   **4주차 한영 훈련 중첩 복습**

28일차까지 끝내셨습니다! 반복 연습은 얼마나 하셨나요?
모두 기억하고 계신가요? 지금까지 배운 22강~28강을 복습해봅시다!
다음 한글 표현에 맞게 영어문장을 떠올리고 소리튜닝하여 발음해보세요! 자동적으로 나오지 않는 부분은 돌아가서 다시 훈련하세요.

DAY22

① 제일 좋아하는 로맨틱 코미디 영화가 뭐예요?
② 저는 두 개가 있어요. 〈노팅 힐〉이랑…
③ 당연하죠!
④ 네! 정말 최고죠.

DAY23

① 축하드립니다. 8번 후보에 오른 끝에,
② 마침내 골든 글로브 상을 받네요.
③ 때가 됐죠!
④ 네, 받았죠.

DAY24

① 근데, 전 이미 당신에게 제안했어요.
② 하신다는 말씀 같지가 않았어요….
③ 제가 거절했죠.
④ 당신이 거절했어요.
⑤ 그래요, 제가 아니에요.

DAY25

① 그거 다 멋지죠.
② 근데 정말로, 그게 뭐 대수냐고요?
③ 글쎄, 일단 엘론의 방식은 훨씬 더 저렴해요.
④ 설명해드리죠.

DAY26

① 사람들에게 조언 주는 걸 좋아하나요?
② 그다지요.
③ 솔직히 말하면,
④ 사람들이 내 조언을 들어야 한다고 생각하지 않아요.

DAY27

① 매일 저녁 최고의 레스토랑에 갈 필요는 없어요.
② 모험 한 번 해보세요!
③ 새로운 곳을 시도하고, 탐색하세요.
④ 뭔가 배우게 될 겁니다.

DAY28

① 제 마음이 이리저리 뛰고 있었어요.
② 제가 무엇을 해야 하는지 알았지만,
③ 그렇지만 그걸 하는 것이 너무 두려웠어요.
④ 오른발을 이용해서 일어서야 했어요.

Special Class

갓주아의 4주차 소리튜닝 특강
– 영어표현이 자연스럽게 나오려면?

내 상황과 어떻게 연결시켜 영어로 말하나?

어떤 표현이 정말 자연스럽게 나오게 하려면 그냥 읽고 외우기만 해서는 안 됩니다.

"내가 이런 상황이 있었나?"

좋은 방법은 자꾸 이렇게 생각해보고, 나의 상황에 넣어보는 것입니다. 그래야 그런 상황에 마주했을 때 진짜로 말을 할 수 있는 겁니다. 문장을 대하면서 내가 이 말을 언제 어떤 상황에서 쓸까를 생각해보세요.

"언제 이런 말을 썼지, 한국어로?"

그런 상황을 상상하면서, 그 감정을 넣어서 문장을 연습하는 겁니다. 그러면 다음에 그런 일이 일어났을 때 그 문장이 떠올려 사용하면 됩니다. 그렇게 내 상황을 자꾸 연결시키는 훈련을 해봐야 영어문장이 훨씬 더 잘 외워집니다.

감정 넣고 빙의해서 연습하면 더 잘 외워집니다!

여러 번 반복해서 말씀드리지만 영어는 수학이나 과학처럼 학문으로 접근하면 쉽게 정복하기 힘듭니다. 특히 말하기는요. 사람의 언어에는 감정이 담겨 있습니다. 감정 없이 말씀하시면 어떻게 들릴까요? 여러분 e-book 같은 것 읽어보셨어요? 책 읽어주기 기능 써보셨나요? 그거 누르면 어떻게 나오죠? 감정이 없는 경우가 대부분입니다. 그런 느낌으로 하는 영어가 될 수 있습니다.

영어는 감정이 풍부한 언어입니다. 그래서 감정을 넣어서 말하는 방법을 많이 배우셔야 합니다. 이 단어, 이 문장에 어떤 감정을 넣어야 될지 연습을 많이 하면 할수록 아주 좋습니다.

엠마 왓슨이면 엠마 왓슨, 브래드 피트면 브래트 피트, 앤 해서웨이면 앤 해서웨이에 빙의해서 입모양(립싱크), 표정, 제스처, 감정까지 모두 그대로 따라 해보시는 겁니다. 문장에는 그 문장이 그 문장만이 갖고 있는 감정이 있습니다. 그래야 조금 더 원어민에 가까운 영어를 구사할 수 있겠죠! 그 감정을 살리지 못하면 외국인스러워지는 겁니다.

처음에는 좀 오그라들 수도 있는데 마음을 내려놓고 용기를 갖고 해보시는 겁니다. 표정을 많이 보시고 입모양까지도 따라하려고 애쓰시면 점점 갈수록 소리가 그들과 비슷해집니다. 이렇게 영어를 하시다 보면 어느 순간 문득 영어가 내 몸에 붙는 느낌이 드는 기적을 체험하실 겁니다.

Day29	**Take some risks!**	위험을 감수해라!
Day30	**Now it is your turn**	이제 여러분들 차례입니다
Day31	**Not really**	설마
Day32	**For some reason**	무슨 이유에서인지
Day33	**I don't ever give up**	나는 절대 포기하지 않아요
Day34	**Dreams cost nothing**	꿈꾸는 것에는 돈이 들지 않습니다
Day35	**Who is the messiest?**	누가 제일 지저분해요?

Review / Special Class 5   영어로 길게 술술 말하는 방법은?

Week 5

Day 29
—
Day 35

I am the architect of my life.
나는 내 삶의 연금술사다.

Day 29 대표문장

Take some risks!
위험을 감수해라!

스탠퍼드 대학원 교수이자 행복전문가인 티나 실리그가 2018년 6월, TED에서 개최한 살롱에 참석해 사람의 운을 늘릴 수 있는 방법을 말해줍니다. 바로 안전지대에서 벗어나서 작은 위험을 감수하라는 것입니다.

Part 1 오늘의 예습 Today's Preview

MP3 파일 듣기

① This requires us
   to get out of our comfort zone
② and take some risks.
③ The problem is, as we get older,
④ we rarely do this.

① 그렇게 하기 위해서는 안전지대를 벗어나야 하고
② 위험을 감수해야 합니다.
③ 문제는, 우리가 나이가 들면서,
④ 거의 그렇게 하지 않는다는 것입니다.

단어와 표현

* **require** [rikwáiər 리**콰이**얼]
  ① 요구하다 ② ~를 필요로 하다
* **get out of something** ① 회피하다 ② (습관을)버리다
* **rarely** [réərli 뤠얼리] 드물게, 좀처럼 ~않는
* **comfort** [kʌ́mfərt 컴폴트]
  ① 안락, 편안 ② 위로, 위안 ③ 위로하다
* **zone** [zoʊn 조운] ① 지역, 구역 ② 부분
* **risk** [rɪsk 우**뤼**스크] 위험, 위험요소

Part 2 오늘의 소리튜닝 Today's Vocal Tuning

① This re**qui**res us
   d   D   d

   to **get** out of our **com**fort **zone**
   d D d d d   D   D'

② and **take** some **risks**.
   d   D   d   D

③ The **pro**blem is, as we **get ol**der,
   d   D   d d d D'   D

④ we **ra**rely **do** this.
   d   D   D   d

Main Sentence

take some **risks**.
 D   d   D

Take some **risks**(D d D). **Take**와 **risks**에 둘 다 힘이 들어갑니다. 한 번 던지고 또 던지는 느낌으로 발음해주셔야 합니다.
'위험을 감수해.' 이런 뜻입니다.

① This re**qui**res us
　　d　　D　　d

to **get** out of our **com**fort **zone**
d　D　d　　d　d　　　D　　D'

This re**qui**res us to(d D d d). 리듬을 먼저 몸으로 느껴보세요. 그리고 영어를 대입합니다. 여기까지 편하게 나오게 연습하고, 다음 의미단위 훈련합니다.

> **음소단위**　qu
>
> requires에서 qu 소리는 '**쿠**'하고 시작합니다. que(퀘)stion 아니라 que(**쿠에**)stion. qui(퀴)z 아니라 qui(**쿠이**)z. requi(콰)re 아니라 requi(**쿠아이**)re. 항상 '**쿠**'로 시작하시면 발음이 맞습니다.

get out of 는 단어 사이 사이가 자음 + 모음으로 이뤄져 있습니다. 그래서 한 단어라고 생각하시면 좋습니다. **get**outof 라는 단어인데 **get**에 강세가 있는 긴 단어라고 생각하고 '**게**라우러브'라는 느낌으로 소리를 냅니다.

comfort zone. 복합명사입니다. 복합명사의 소리 규칙은 앞 단어에 힘이 들어가고 이어서 소리를 내주는 것입니다. zone처럼 끝에 n으로 끝나는 경우, 혀끝이 입천장의 경구개의 치경 근처 편한 곳에 대고 끝내줍니다.

> **음소단위**　z
>
> z 발음은 어렵다고 생각합니다. 그러나 s 소리랑 똑같고 유성음인 것뿐입니다. s는 새는 소리죠. s 에다가 소리만 넣어주시면 됩니다. s와 z는 새는 소리니까 혀가 잘 새도록 위치시켜야 합니다. 소리가 새는 데 혀가 방해하면 안 되겠죠? 만약 혀가 새는 이 사이에 위치하면 잘 새지 못하겠죠? 혀끝을 밑으로 확 내려버려야 합니다. 아랫니 뒤에다가 붙여놓습니다. 그리고 배에 힘을 주면 소리가 더 잘 샙니다. z는 벌이 날아다니는 소리입니다.

그 다음 연결해볼게요. **get** out of our **com**fort zone. **com**fort zone은 안

전지대라는 뜻입니다. **This re**qui**res us to** get **out of our com**fort zone.
'우리의 안전지대로부터 나올 필요가 있어.'라는 뜻입니다.

② and **take** some **risks**.
　　 d　　 D　　 d　　　 D

and는 기능어입니다. 특별히 강조하고 싶을 때가 아니라면 '은' 정도 밖에 소리가 나지 않습니다.
take some **risks**. 이건 대표문장입니다.

③ The **pro**blem is, as we **get ol**der,
　　 d　　 D　　 d　 d　 d　 D'　 D

The **pro**blem is(d D d). '프, 라, 블, 럼' 아닙니다. 한 호흡에 끝납니다. **pro**에 힘이 들어가죠. **pro**blem. '**프라**블럼.'
as we get **ol**der. '우리가 늙으면서' 라는 뜻이에요. as we에 힘 들어가지 않습니다. 중요한 건 **ol**der라는 발음이죠. **ol**der의 경우 '**ol**'에서 dark l 처리를 제대로 해줍니다. 여기서 o는 [ou] 소리입니다. 혀 안쪽을 목구멍 쪽으로 당기면서 '오울' 해주고 재빨리 혀끝을 치경에 대고 d 처리를 해주세요.

④ we **ra**rely **do** this.
　　 d　　 D　　 D　 d

we **ra**rely **do** this. **ra**rely는 '거의 ~ 하지 않는다.' 라는 부정의 의미를 가지고 있습니다. 중요한 내용어죠. 힘 빡 주셔야 합니다. r 장착한 상태에서 '우**뤠**얼리.' 그 다음 나오는 do는 두 단어를 이어서 말하고 싶다면 힘을 빼줍니다.
하지만 굉장히 강조하고 싶을 때는 두 단어에 둘 다 힘을 주고 띄어서 소리 냅니다. 이렇게요. we **ra**rely / **do** this. 보통 연설 같은 경우 이렇게 소리를 내곤 합니다.

자, 이제 당신의 행운을 위해 영어천재 프로젝트 반복훈련에 도전하세요!

Part 3 소리 반복훈련

🎧 MP3 파일 듣기

① This re**qui**res us
   to **get** out of our **com**fort **zone**
② and **take** some **risks**.
③ The **pro**blem is, as we **get ol**der,
④ we **ra**rely **do** this.

> **TIP** 완전히 외울 때까지 발음하면서 Writing도 반복하세요!

훈련 체크 ☐☐☐☐☐☐☐☐☐☐

Part 4 한-영 훈련

① 그렇게 하기 위해서는 안전지대를 벗어나야 하고
② 위험을 감수해야 합니다.
③ 문제는, 우리가 나이가 들면서,
④ 거의 그렇게 하지 않는다는 것입니다.

> **TIP** 소리튜닝 배운 대로 하루 동안 틈나는 대로 무한 반복해서 외우세요! 한글을 보면서 영어문장이 자동적으로 떠오를 때까지.

훈련 체크 ☐☐☐☐☐☐☐☐☐☐

Part 5 표현 저널 쓰기 Expression journal

take a risk

실패할지도 모르는 일을 하다 / 위험을 감수하다
to do something that may result in loss, failure

> Take a chance. 도전을 해라. Take a risk 역시 비슷한 의미입니다. 하지만 아주 작은 차이가 있습니다.
> Take a chance는 시도했을 때 실패에서 얻는 손해가 훨씬 더 적습니다. 예를 들어 타야 하는 버스가 저 멀리서 출발하려고 합니다. 평소라면 버스를 잡거나, 놓치거나 둘 중 하나겠지요? 이럴 때는 'Hey, just let's take a chance.'라고 할 수 있습니다. 그런데 만약 버스를 잡기 위해 차가 질주하는 4차선 도로를 무단으로 가로질러야 한다면 어떨까요? 극단적으로 말하면 죽을 수도 있겠죠? 이럴 때는 'Hey, take a risk.'라고 말할 수 있습니다.

1. Every time you invest your money, you're taking a risk.
   (당신은 돈을 투자할 때마다 위험을 감수하고 있는 것이다.)

2. Why do people avoid taking risks in their lives?
   (왜 사람들은 그들의 삶에서 위험을 감수하려 하지 않을까?)

3. Bill Gates took some risks while founding Microsoft.
   (빌 게이츠는 마이크로소프트사를 설립할 때 위험을 감수했다.)

4.

Day 30 대표문장

Now it is your turn
이제 여러분들 차례입니다

2014년 9월 23일, 배우 레오나르도 디카프리오가 뉴욕에서 열린 'UN 기후정상회의'에서 기후, 환경을 주제로 개막 연설을 했습니다. 그는 UN평화대사로 임명되었지요.

Part 1   오늘의 예습 Today's Preview

MP3 파일 듣기

① The people made their voices heard on Sunday around the world,
② and the momentum will not stop.
③ But now it is your turn.
④ The time to answer humankind's greatest challenges is now.

① 사람들은 일요일에 전 세계로 자신들의 목소리를 냈습니다.
② 그리고 이 추진력은 멈추지 않을 것입니다.
③ 그러나 이제 여러분들 차례입니다.
④ 인류 역사상 가장 큰 문제에 답해야 하는 시점은 지금입니다.

단어와 표현

* **momentum** [mouméntəm 모우**멘**텀]
  ① (어떤 일에 있어서의) 탄력, 가속도   ② 가속도   ③ 운동량
* **humankind** [ˌhjuːmənˈkaɪnd **휴**먼**카인**드]   인류, 인간
* **turn** [təːrn 턴]
  동사: ① 돌다, 돌리다   ② ~상태로 변하다
  명사: ① 돌기, 돌리기   ② 방향 전환   ③ 차례, 순번
* **challenge** [ˈtʃæləndʒ **챌**런쥐]   (사람의 능력/기술을 시험하는) 도전, 시험대

Part 2 오늘의 소리튜닝 Today's Vocal Tuning

① The **peo**ple made their **voi**ces
   d   D   d   d   D

heard on **Sun**day around the **world**,
 D   d   D   d   d   D

② and the mo**men**tum will **not stop**.
 d d   D   d D D'

③ But **now** it is **your turn**.
 d   D d d   d   D'

④ The **time** to **an**swer
  d   D d   D

human**kind**'s **grea**test **chal**lenges is **now**.
    D   D   D   d D

Main Sentence

now it is **your turn**.
 D   d d   d   D'

---

now it is(D d d). **now**에 훅 뱉고 들어오는 소리에 it is 처리합니다.

your는 기능어이기 때문에 원래 힘이 들어가지 않지만 영상에서는 '당신의'라는 말의 뉘앙스를 살리기 위해 힘이 들어갔습니다.

your에서 훅 뱉고 들어오는 소리에 <u>turn</u>을 처리해줍니다.

> **음소단위** n
>
> m, n, ng 사운드가 위로 유일하게 빠지는 비음소리입니다. 콧소리예요. 콧소리를 낼 때 콧볼이 진동합니다. n 소리는 비음을 내면서 혀의 끝이 입천장의 가장 톡 튀어 나온 부분에 대고 비음소리를 내주면 됩니다. 그래서 약간 '나우'가 아니라 **now**, '은**나우**' 하고 눌러야 합니다.

① The **peo**ple made their **voi**ces
    d   **D**   d   d   **D**

heard on **Sun**day around the **world**,
 D   d   **D**   d   d   **D**

The **peo**ple made their **voi**ces **heard**. 여기까지 한 의미단위입니다. made는 사역동사입니다. 기능어입니다. **peo**에서 훅! 뱉어주고 들어오는 소리에 made their까지 처리합니다. **voi**에서 다시 훅 던져주고 **heard**에서 소리가 또 나가줍니다.

연설이기 때문에 거의 모든 내용어에 힘을 다 주었습니다. 평소라면 내용어 중 몇 개는 힘을 빼도 됩니다.

> **음소단위** v
>
> 음소단위 v는 f 소리와 쌍입니다. v는 유성음이고 f는 무성음 차이밖에 없습니다. 윗니가 아랫입술을 물고 놔주면서 내는 소리입니다. f와 똑같아요. 차이가 있다면 소리를 넣어주는 것입니다.

heard. h 다음에 ea 모음이 나옵니다. 모음이 붙어있을 때는 한 모음 취급을 해주고 좀 더 길게 해줍니다. 그래서 [hərd] 이게 아니라 [həːrd] 이렇게 길게 소리 내줍니다.

on **Sun**day(d D). 리듬 연습 후 영어 대입합니다.

around the **world**(d d D). 먼저 내용어 world의 정확한 발음을 연습하고 그 다음 리듬을 연습합니다.

이어볼까요? The **peo**ple made their **voi**ces **heard** on **Sun**day around the **world**.

> **TIP** word 발음과 world 발음이 좀 헷갈립니다. l이 있냐, 없냐의 차이죠. 이 l 처리만 제대로 되면 world 발음이 별로 어렵지 않습니다.
> l은 light l과 dark l이 있습니다. 여기서 l은 dark l입니다. dark l은 light l처럼 혀끝이 위로 가지 않아요. 한국으로 치면 '얼'이라는 소리를 냅니다. 뒤로 좀 빠지는 느낌이 들어요. 2음절인 것처럼 하셔야 합니다. word는 하나, world는 '워얼드'라는 느낌입니다.

② and the mo**men**tum will **not stop**.
   d d   D   d D D'

and the mo**men**tum(d d D). mo**men**tum 발음부터 해볼게요. mo**men**tum [모우**멘**텀] 단어 자체는 d D d 리듬입니다.
will **not** stop(d D D). **not**, stop 둘 다 내용어입니다. t 다음에 자음 s 나왔으니까 끊어줘야 합니다. '나스탑' 이렇게 연음 처리가 아니라 '낫! 스땁' 해줍니다. stop 단어도 s 다음에 바로 t가 오니까 된소리가 납니다.

③ But **now** it is **your turn**.
   d   D d d   d   D'

대표문장입니다. **your**에 힘을 주었습니다.

④ The **time** to **an**swer
   d   D   d   D

human**kind**'s **grea**test **chal**lenges is **now**.
      D   D   D   d D

The **time** to. time이 내용어입니다. 내용어부터 제대로 t 소리 살려서 연습합니다. 그리고 리듬 타면서 d D d 연습합니다.

answer. 다음 내용어 먼저 정확한 발음을 연습해볼게요. **an**swer의 **a**는 [æ] 입을 크게 벌리는 '애'입니다. 큰 **a** 발음이에요. '애' 크게 입 벌리고 순간적으로 배에 힘을 훅 줍니다.

human**kind** 하면 인류라는 뜻의 내용어입니다. 긴 단어는 강세가 2개 있습니다. 1강세는 **kind**이고 2강세는 hu입니다.

human**kind**'s **grea**test **chal**lenges. 내용어 3개가 연달아 있으면 힘들어요. 셋 중에 어디에다 좀 더 힘을 줄지 결정합니다. 영상에서는 아무래도 **grea**test가 최상급이니 강조하기 위해 살짝 힘이 더 들어갔습니다. 다른 단어들도 내용어이기 때문에 힘이 좀 빠지더라도 악센트 소리들은 정확히 잘 들려줍니다.

The **time** to **an**swer human**kind**'s **grea**test **chal**lenges is **now**.
인류 역사상 가장 커다란 문제에 대답할 때는 '바로 지금'입니다.

is **now**. 앞 의미단위를 말하고 나서 살짝 쉬었다가 is **now**를 했습니다. 이렇게 말하면 마음의 울림이 있습니다. 연설이니까 마음의 울림이 있어야죠. '바로! 지금!' 이런 울림을 주고 싶은 거겠죠.

자, 그럼 이제 소리튜닝 반복훈련을 시작해볼까요?

Part 3   소리 반복훈련

 MP3 파일 듣기

① The **peo**ple made their **voi**ces **heard** on **Sun**day around the **world**,
② and the mo**men**tum will **not stop**.
③ But **now** it is **your turn**.
④ The **time** to an**s**wer human**kind**'s **grea**test **chal**lenges is **now**.

> **TIP**   완전히 외울 때까지 발음하면서 Writing도 반복하세요!

훈련 체크   ☐☐☐☐☐☐☐☐☐☐

Part 4   한-영 훈련

①사람들은 일요일에 전 세계로 자신들의 목소리를 냈습니다,
②그리고 이 추진력은 멈추지 않을 것입니다.
③그러나 이제 여러분들 차례입니다.
④인류 역사상 가장 큰 문제에 답해야 하는 시점은 지금입니다.

> **TIP**   소리튜닝 배운 대로 하루 동안 틈나는 대로 무한 반복해서 외우세요! 한글을 보면서 영어문장이 자동적으로 떠오를 때까지.

훈련 체크   ☐☐☐☐☐☐☐☐☐☐

Part 5 표현 저널 쓰기 Expression journal

turn

뭔가를 해야만 혹은 할 수 있는 시간 / 차례
The time when they can or must do something

1. I'm sure it's your turn to wash the dishes.
   (네가 설거지 할 차례야.)
2. It's my turn to pay for dinner.
   (이번엔 내가 저녁 살 차례야!)
3. You'll just have to wait your turn like everyone else.
   (모든 사람이 그렇듯이 당신도 차례를 기다려야 합니다.)
4.

5.

반복, 반복…
꼭 다 해야 할까요?

에어로빅 배우러 가면 앞에서 하시는 분이 있고, 뒤에서 하시는 분이 있습니다. 앞의 분들은 금방 실력 늘면서 살 빠지시고, 뒷분들은 그렇지 않습니다. 자세부터 다르잖아요.

영어도 똑같습니다. 하기로 했으면 일단은 최대한으로 한번 해보는 거예요. 되든 안 되든! 해보지도 않고 "왜 저는 안 되죠?"라니요. 말이 안 되는 이야기입니다. 항상 배움의 자세는 그냥 해보는 거예요.

Without thinking just do it!

Day 31 대표문장

Not really
설마

2014년 2월 25일, 버락 오바마 전 미국 대통령이 백악관에서 기자회견을 열었습니다. 하이테크 산업에 대해 이야기하던 중 미국에서 아이언맨을 개발하고 있다고 농담하고 있네요!

Part 1 오늘의 예습 Today's Preview

MP3 파일 듣기

① Basically, I'm here to announce that we're building Iron Man.
② I'm gonna blast off in a second.
③ This has been a secret project we've been working on for a long time.
④ Not really. Maybe.

① 한마디로, 우리가 아이언맨을 만들고 있다는 것을 알리고자 이 자리에 섰습니다.
② 저는 곧 날아갈 거예요.
③ 이건 오랫동안 우리가 진행해온 기밀 프로젝트였어요.
④ 설마. 뭐 그럴 수도 있고요.

단어와 표현

* **basically** [béisikəli 베이시컬리] ① 기본적으로 ② 원래
* **announce** [ə'naʊns 어나운스] ① 발표하다, 알리다 ② 선언하다 ③ 방송하다
* **blast off** [블래스더프] (지상에서) 솟아오르다, 발사되다
* **in a second** [이너세컨드] 곧, 금방
* **work on** [월꺼언] ① ~에 애쓰다 ② 착수하다

Part 2 오늘의 소리튜닝 Today's Vocal Tuning

① **Ba**sically, I'm **here** to an**noun**ce
   D   d d   D   d   D

that we're **buil**ding **I**ron Man.
d   d   d   D   D   D'

② I'm gonna **blast** off in a **se**cond.
   d d   d   D   d d d   D

③ This has been a **se**cret **proj**ect
   d   d   d   d   D   D'

we've been **wor**king **on** for a **long time**.
d   d   d   D   d   d d   D

④ **Not really**. **May**be.
   D   D'   D

Main Sentence

Not really.
 D   D'

Not really. t 다음에 r 자음이 나오니 소리 끊어야 합니다.
Not / really.

> **TIP**   Not really는 '그다지.'라는 의미로 많이 쓰입니다. yes도 아니고 no도 아닌 느낌이죠. 영상에서는 여기서는 "설마."라는 의미로 쓰였어요.

① **Ba**sically, I'm **here** to an**noun**ce
     D   d d   D   d   D

that we're **buil**ding **I**ron Man.
 d   d   d   D   D   D'

Basically. 이 단어는 **Ba**에 훅 던져주고 나머지는 끌어옵니다. '**베이**시껄리' 강세가 없는 c는 된소리가 납니다. 그래서 '껄'이라고 소리를 냅니다.
I'm **here**(dd D). I'm에서 머금고 h 소리 훅 하고 뱉어줍니다.
to an**noun**ce. d D 리듬으로 먼저 연습하고 영어를 대입합니다.
이어볼까요? **Ba**sically, I'm **here** to an**noun**ce.

that we're **buil**ding **I**ron Man(d dd D D D'). 이 리듬 먼저 연습하겠습니다. 리듬은 먼저 몸으로 연습하는 게 좋습니다.
Iron Man은 **I**에 힘이 들어가고 Man은 이어줍니다.

Basically, / I'm **here** to an**noun**ce / that we're **buil**ding **I**ron Man.

먼저 3개의 의미단위를 각 각 편하게 나오게 연습하고 그 후 3개의 의미단위들을 이어줍니다. 조금 익숙해지면 점점 속도를 내봅시다.

② I'm gonna **blast** off in a **se**cond.
   d d   d   D   d d d   D

I'm gonna(dd d). 다 기능어입니다. 말할 때 입에 긴장이 들어가지 않고 복화술로 빠르게 해줍니다.
I'm gonna **blast** off(dd d D d). 복화술로 I'm gonna 처리하다가 순간적으로 훅 뱉어줍니다. 이때 a는 [æ], 입이 크게 벌리는 a입니다. 'blastoff' 자음 t로 끝나고 모음 o로 시작하니 연결해서 한 단어처럼 소리 냅니다.
in a **se**cond(d d D). second 는 '**세**껀ㄷ' 역시 c에 강세 들어가지 않아서 된소리가 나옵니다.

연결해볼까요. I'm gonna **blast** off in a **se**cond.

③ This has been a **se**cret **proj**ect
    d   d   d   d   D   D'

we've been **wor**king **on** for a **long time**.
d   d   d   D   d d d   D   D'

<u>This has been a</u>. 원래 this는 지시사이므로 내용어입니다. 하지만 지시사는 내용어 중에서도 가장 약한 내용어입니다. 그래서 힘을 줄 때도 있고, 안 줄 때도 있어요. 오바마 대통령은 그렇게 힘을 주지 않았습니다.
has는 '가지고 있다'라는 뜻의 내용어가 아니라 have p.p 현재완료를 위한 문법상 영어이기 때문에 기능어입니다. 기능어 has에서 h는 거의 소리가 나지 않습니다. 'thisasbeena' 이런 느낌으로 이어져서 뭉개서 소리를 냅니다.

<u>**se**cret project(D D')</u>. 둘 다 내용어라 둘 중에 무엇을 던져도 상관없습니다. 둘 다 힘이 들어가면 힘들겠죠? 영상에서는 **se**cret에 들어가고 project를 연결시켰습니다. 하지만 여전히 project는 내용어이므로 'pro' 소리는 정확히 들리게 합니다.

<u>we've been **wor**king on</u>. we've been은 dd d 리듬입니다. -'ve 소리는 그냥 윗니가 아랫입술을 무는 시늉만 해줍니다. 복화술하듯이 입이 전혀 긴장이 되지 않은 상태에서 소리를 내주고, **wor**king에서 훅 뱉어줍니다. 이때 w 음소단위 제대로 내주고, 강세가 없는 k 소리는 된소리 '낑' 소리를 냅니다. work on는 이어동사입니다. 이어서 소리 내고 on에 음이 올라갑니다.

<u>for a **long** time</u>. for a는 'fora'로 이어서 편하게 나오게 합니다. 그리고 순간적으로 'long'은 light l 소리를 제대로 해서 혀끝을 윗니 뒤와 입천장 시작점에 대고 '을롱' 이라고 소리를 내줍니다. **long** time 한 단어로 나오게 합니다.

This has been a **se**cret project / we've been **wor**king on / for a **long** time. 세 개의 의미단위로 이루어져 있는 긴 문장입니다. 긴 문장은 의미단위로 잘라서 각각 연습 후 이어주면 편해집니다.

④ **Not really**. **May**be.
     D   D'   D

Not really. 설마.
Maybe. 아마. 애매한 표현입니다.
사실 만들고 있을지도 몰라요. Nobody knows.
사람들이 믿을 것 같으니까, **Not** really.
하지만 여지를 주죠. **May**be. 아마?

자, 이제 소리튜닝 반복훈련을 시작해볼까요?

There is no elevator to success. You have to take the stairs.
성공을 위한 승강기는 없다.
당신은 성공을 위해서 차근차근 계단을 올라야만 한다.

Part 3 소리 반복훈련

 MP3 파일 듣기

① **Ba**sically, I'm **here** to an**noun**ce that we're **buil**ding **I**ron Man.
② I'm gonna **blast** off in a **se**cond.
③ This has been a **se**cret **proj**ect we've been **wor**king **on** for a **long time**.
④ **Not really**. **May**be.

> **TIP** 완전히 외울 때까지 발음하면서 Writing도 반복하세요!

훈련 체크 ☐☐☐☐☐☐☐☐☐☐

Part 4 한-영 훈련

① 한마디로, 우리가 아이언맨을 만들고 있다는 것을 알리고자 이 자리에 섰습니다.
② 저는 곧 날아갈 거예요.
③ 이건 오랫동안 우리가 진행해온 기밀 프로젝트였어요.
④ 설마. 뭐 그럴 수도 있고요.

훈련 체크 ☐☐☐☐☐☐☐☐☐☐

Part 5 표현 저널 쓰기 Expression journal

not really

그다지 (to a low degree / not expecially)
설마 (not actually)

1. I'm not really hungry now.
   (난 그다지 배고프지 않아.)
2. You're not really going to marry her, aren't you?
   (설마 너 걔하고 결혼하는 거 아니지, 그렇지?)
3. I'm not really fine!
   (난 그다지 좋지 않아!)
4.
5.

Day 32 대표문장
For some reason
무슨 이유에서인지

2015년 4월 28일, 미국의 〈라이브 위드 켈리 앤 마이클(Live! With Kelly and Michael)〉에 '헐크' 역할로 유명한 영화배우 마크 러팔로가 출연했습니다. 영화 '어벤져스 시리즈' 홍보차 한국에 왔던 마크 러팔로가 한국에서의 인기를 자랑하고 있네요. "나는 이제 비틀즈의 마음을 알 것 같아."

Part 1 오늘의 예습 Today's Preview

MP3 파일 듣기

① You're kidding.
② Tell me… Tell me… what were they doing?
③ For some reason, I was really big in Korea.
④ I'm huge in Korea, I could say that.

① 농담이죠?
② 말해주세요… 그들이 뭘 했어요?
③ 무슨 이유에서인지, 제가 한국에서 정말 유명해요.
④ 한국에서 제가 정말 대단하다, 라고 할 수 있어요.

단어와 표현

* **for some reason** 어떤 이유인지 모르겠지만, 왜 그런지 잘 모르겠지만
* **kid** [kid 키드]
    동사: ① (구어) 놀리다, 속이다 ② 놀리다, 장난치다
    명사: (비격식) 아이, 어린이
* **huge** [hju:dʒ 휴ㅈ]
    ① 막대한, 엄청난, 거대한 ② 크게 성공한

268

Part 2 오늘의 소리튜닝 Today's Vocal Tuning

① You're **ki**dding.
    d   d   D

② **Tell** me... **Tell** me... what were they **do**ing?
   D   d   D   d   d   d   d   D

③ For **some rea**son, I was **really big** in Ko**rea**.
   d   D   D'   d   d   D'   D d   D

④ I'm **huge** in Ko**rea**, I could **say** that.
   d d   D   d   D   d   d   D   d

Main Sentence

For **some rea**son
 d   D   D'

일단은 <u>for</u>는 기능어입니다. 기능어의 for 처리는 절대 '포' 하지 않습니다. 멍청음 '퍼' 정도로 입에 긴장이 전혀 들어가지 않습니다.

some reason. 둘 모두 내용어입니다. 둘 다 힘이 들어가는 게 이론상 가능합니다. 영상에서는 **some**에 더 힘이 들어갔습니다. reason에서 r은 음소단위 혀 옆 날개 윗부분과 윗니 어금니를 대고 입모양 '우'를 해주고 소리를 냅니다. '**우뤼즌**' 이런 느낌으로 소리를 냅니다.

① You're **ki**dding.
    d   d   D

You're **ki**dding(d d D). 일단 **ki**dding은 k 음소단위를 제대로 내서

훅 터져줍니다. d에 강세가 없는 경우 t와 마찬가지로 'ㄹ'소리가 납니다. 이렇게 하는 게 입에서 편해서입니다. '키링' 이런 느낌으로 소리를 냅니다. d d D 리듬으로 연습하고 영어를 대입해줍니다.

> **음소단위** k / c
>
> k 와 c는 g소리와 쌍이 되는 소리입니다. k와 c는 무성음 g는 유성음입니다. 안쪽 혀와 입천장 안쪽 말랑한 부분 '연구개'를 닿게 합니다. 그럼 '응' 했을 때 닿는 부분입니다. 닿았다가 스크래치 내는 느낌으로 배에 힘을 주고 소리를 냅니다.

② **Tell** me... **Tell** me... what were they **do**ing?
   D d   D d   d   d   d   D

<u>Tell me</u>(D d). 리듬으로 연습하고 영어를 대입해봅니다.

> **음소단위** t
>
> t 소리는 혀끝을 치경(입천장 톡 튀어나온 곳)에 대고 혀끝에 힘을 주고 조금 힘들게 터져줍니다. 음소단위 t와 d가 쌍입니다. t는 무성음이고 d는 유성음입니다.

<u>what were they **do**ing?</u> **do**ing이 제일 큰 내용어, what은 의문사니까 살짝 내용어입니다. what을 힘을 줄 때도 있고 안 줄 때도 있습니다. 영상에서는 what에 힘을 주지 않았습니다. d d d D 리듬으로 처리해줍니다.

③ For **some rea**son, I was **really big** in Ko**rea**.
   d   D   D'   d d   D'   D d   D

<u>For **some** reason</u>. 마크 러팔로는 **some**에 더 힘을 주었습니다.

I was really **big** in Ko**rea**. 이 문장에서 내용어는 really, **big**, Ko**rea**입니다. 뉘앙스에 따라 어디에다 더 힘을 줘도 괜찮습니다. 영상에서는 **big**에 힘이 훅! 들어 갔습니다. really는 **big**보다 힘은 덜 들어갔어도 여전히 내용어입니다. 뭉개면 안 됩니다. 제대로 소리를 내줘야 합니다. Ko**rea**의 강세는 **'rea'**에 있습니다.

④ I'm **huge** in Ko**rea**, I could **say** that.
   d d   D   d   D   d   d   D   d

I'm **huge**. h 발음 제대로 해서 내뱉고 들어가는 소리에 'in Ko-'까지 처리하고 다시 '**-rea**'에서 훅 뱉습니다.

I could **say** that(d d D d). **say**에만 힘 들어갑니다. I could에서는 입 많이 벌리지 않습니다. **say**에 몸을 앞으로 내밀면서 던지고 들어오는 소리에 that 처리 합니다.

자, 이제 소리튜닝 반복훈련을 시작해볼까요?

Part 3 소리 반복훈련

 MP3 파일 듣기

① You're **ki**dding.
② **Tell** me... **Tell** me... what were they **do**ing?
③ For **some rea**son, I was **really big** in Ko**rea**.
④ I'm **huge** in Ko**rea**, I could **say** that.

> **TIP** 완전히 외울 때까지 발음하면서 Writing도 반복하세요!

훈련 체크 ☐☐☐☐☐☐☐☐☐☐

Part 4 한-영 훈련

① 농담이죠?
② 말해주세요… 그들이 뭘 했어요?
③ 무슨 이유에서인지, 제가 한국에서 정말 유명해요.
④ 한국에서 제가 정말 대단하다, 라고 할 수 있어요.

> **TIP** 소리튜닝 배운 대로 하루 동안 틈나는 대로 무한 반복해서 외우세요! 한글을 보면서 영어문장이 자동적으로 떠오를 때까지.

훈련 체크 ☐☐☐☐☐☐☐☐☐☐

Part 5 표현 저널 쓰기 Expression journal

for some reason

어떤 이유에서인지, 왜 그런지 모르겠지만 (명확한 이유는 모르겠지만)

> There is no explanation. 예를 들어볼까요? 갑자기 밤에 중국 음식이 먹고 싶어집니다. 저녁은 든든히 먹었는데도 말입니다. 옆에 있는 친구에게 "지금 중국 음식 좀 먹을까?" 물어봤더니 대답합니다. "너 밥 많이 먹었잖아?" 바로 이럴 때 쓰는 말입니다.
> For some reason, I'm hungry. 왜 그런지 모르겠는데, 나 배고파.

1. For some reason, my computer's started crashing.
   (왜인지 모르겠는데, 내 컴퓨터가 갑자기 작동이 안 되기 시작했어.)

2. I'm not hungry today for some reason.
   (오늘은 왠지 식욕이 없네.)

3. My legs hurt for some reasons, so I can't walk.
   (무슨 이유에서인지 다리가 아파. 그래서 못 걷겠어.)

4.

5.

Day 33
대표문장

I don't ever give up
나는 절대 포기하지 않아요

불가능한 생각을 가능하게 만드는 엘런 머스크! 민간 최초로 로켓 발사에 성공합니다. 하지만 그 과정에서 계속적인 실패와 비난 그리고 천문학적인 비용이 생깁니다. 하지만 포기하지 않고 결국엔 다들 불가능할 것이라고 생각했던 것을 현실로 만듭니다.

Part 1 | 오늘의 예습 Today's Preview

MP3 파일 듣기

① You had that third failure in a row.
② Did you think I need to pack this in?
③ Never.
④ Why not?
⑤ I don't ever give up.

① 연속으로 세 번째 실패하셨잖아요.
② 그만둬야겠다고 생각하지 않았나요?
③ 절대요.
④ 왜죠?
⑤ 나는 절대 포기하지 않아요.

단어와 표현

* **failure** [ˈfeɪljə(r) 페일리어]
  ① 실패 ② 실패자, 실패작 ③ ~하지 않음, 불이행
* **pack something in**
  ① ~을 그만두다, 중단하다 ② (작은 공간)안에 (많은 물건)을 집어넣다
* **in a row** [이너우로우] 잇달아

Part 2   오늘의 소리튜닝 Today's Vocal Tuning

① You **had** that **third fai**lure in a **row**.
    d   D   d   D   D'   d d   D

② Did you **think** I **need** to **pack** this in?
    d   d   D   d D'   d   D   d   d

③ **Ne**ver.
      D

④ Why **not**?
    D'   D

⑤ I **don't e**ver **give up**.
   d   D'   D   D'   d

Main Sentence

I **don't e**ver **give up**.
d   D'   D   D'   d

don't 도 힘 줄 수 있고, **e**ver도 힘 줄 수 있습니다.
ever의 경우, 뜻 자체가 강조하기 위한 단어이기 때문에 강조가 들어갈 수밖에 없는 단어입니다. **e**ver에 더 힘을 주기 위해서는 don't는 조금 빠질 수밖에 없습니다. **e**ver 의 **e**에 훅! 힘을 줍니다. I don't **e**ver. give up은 이어동사입니다. 이어동사는 끝에 힘이 들어갑니다. 약간 음이 올라가는 느낌입니다.

이어봅시다. I don't **e**ver give **up**.

> **TIP** 'not ever는 never다.'라고 외우셨나요? 맞습니다. 호환이 가능합니다. 다만 뉘앙스 차이가 조금 있습니다. not ever에서 ever를 조금 더 강조하면 never라고 말할 때보다 훨씬 더 강조하는 느낌이 있습니다.
> 예를 들어서, **Never do it.** 할 때보다 **Don't ever do it.** 약간 이렇게 얘기하면 조금 더 never보다 강조하는 느낌이 있습니다.

① You **had** that **third fai**lure in a **row**.
　　d　D　　d　　D　　D'　　d d D

You **had** that. had는 내용어, you와 that은 기능어입니다. 그래서 d D d 리듬입니다.

You **had** that **third** failure. **third**와 failure 두 내용어가 연달아 나옵니다. '실패'가 중요한가 '세 번의' 실패가 중요한가에 따라 어디에 힘을 줄지 결정합니다. 영상에서는 **third**에 힘이 들어갔습니다. failure는 살짝 낮춰줍니다.

in a **row**(d d D). 어렵지 않은 리듬입니다. ow 소리 유의해주세요.

> **음소단위**　ow
> '오우' 소리입니다. 입술이 오므라들어야 합니다. '로'가 아니라 '로우'입니다.

> **TIP**　in a row
> 첫 번째, '연속으로'라는 뜻입니다. 성공도 했고 실패도 했지만 실패가 세 번인 것과, 세 번 계속 실패하는 것과는 다르죠?
> 두 번째, 물건이나 사람이 일자로 줄 서 있는 것. 연달아 서 있는 느낌. 연달아서 배열되어 있다는 느낌에 쓸 수 있습니다.

② Did you **think** I **need** to **pack** this in?
     d   d   D   d D'   d   D   d   d

Did you **think**(d d D). 다음에 살짝 쉬었어요. 울림을 주기 위해서입니다. think에 th 발음 잘해주세요.

I need to. '니드 투' 이렇게 발음하지 않습니다. d와 t 발음은 유성음, 무성음의 차이만 있을 뿐이지 입모양은 같은 소리입니다. 하나를 뺀다고 생각하세요. nee(d) to. 묶어버리세요.

I need to **pack**. p 발음 제대로 하세요. 터지는 소리입니다. 이때 a는 큰 소리입니다.

pack this in. 이어동사죠. in이 살짝 올라갑니다. **pack** this in?

③ **Ne**ver.
    D

Never(D d). 혀끝을 치경 쪽에 대고 '은' 하면서 **Ne**ver 소리를 냅니다.

④ Why **not**?
    D'   D

Why **not**? 둘 다 내용어지만, 센 내용어 **not**에 힘이 들어갑니다. d D 정도의 리듬을 타주세요.

⑤ I **don't** ever **give up**.
   d D'   D   D'   d

이제 대표문장이 나옵니다.

자, 그럼 소리튜닝 반복훈련을 시작해볼까요?

Part 3   소리 반복훈련

🎧 MP3 파일 듣기

① You **had** that **third fai**lure in a **row**.
② Did you **think** I **need** to **pack** this in?
③ **Ne**ver.
④ Why **not**?
⑤ I **don't e**ver **give up**.

> **TIP**   완전히 외울 때까지 발음하면서 Writing도 반복하세요!

훈련 체크 ☐☐☐☐☐☐☐☐☐☐

Part 4   한-영 훈련

① 연속으로 세 번째 실패하셨잖아요.
② 그만둬야겠다고 생각하지 않았나요?
③ 절대요.
④ 왜죠?
⑤ 나는 절대 포기하지 않아요.

> **TIP**   소리튜닝 배운 대로 하루 동안 틈나는 대로 무한 반복해서 외우세요! 한글을 보면서 영어문장이 자동적으로 떠오를 때까지.

훈련 체크 ☐☐☐☐☐☐☐☐☐☐

Part 5 표현 저널 쓰기 Expression journal

pack something in

~을 그만두다, 중단하다 (quit / give up)
(작은 공간)안에 (많은 물건)을 집어넣다 (cram in)

> pack in은 stop doing something. '뭔가 하는 것을 그만두다.'라는 뜻을 가지고 있습니다. My sister packed in a job. 내 여동생이 일을 그만뒀어. pack은 가방, 짐을 싸는 겁니다. 한국어로도 그만 둘 때 이런 표현을 씁니다. '이번 사업 망하면 짐 쌀 거야.' 이런 뉘앙스입니다.

1. I'm glad you packed in the smoking.
   (네가 담배를 끊어서 기뻐.)
2. He packed his job in and moved to his hometown.
   (그는 직장을 그만두고 고향으로 내려갔어.)
3. If it has room, I pack in more.
   (공간이 있으면, 더 집어넣는 거야.)
4. In 1972 we packed it in and moved back to Florida.
   (1972년 우리는 그걸 그만두고 플로리다로 다시 돌아갔어.)
5.

Day 34 대표문장

Dreams cost nothing
꿈꾸는 것에는 돈이 들지 않습니다

2010년 3월 6일, '영원한 록키' 실베스터 스탤론이 평생 공로상을 수상했습니다. 어떻게 성공했는지에 대한 영상입니다. 꿈을 꾸는 것은 돈이 들지 않지만 우리는 꿈조차 꾸지 않습니다. 감히 내가 할 수 없는 일이라고 생각합니다. 멋진 꿈을 꾸고, 지속해보세요!

Part 1 오늘의 예습 Today's Preview

MP3 파일 듣기

① It's all about dreams, you know,
② by the way, dreams cost nothing.
③ They are free.
④ The hard part is just keeping them going.
⑤ And please, keep them going.

① 꿈이 가장 중요합니다.
② 그런데, 꿈꾸는 것에는 돈이 들지 않습니다.
③ 꿈은 공짜입니다.
④ 가장 어려운 부분은 꿈들을 지속해나가는 것입니다.
⑤ 그러니 제발 꿈을 계속 지속하세요!

단어와 표현

* **cost** [kɔːst 커스트]
  ① 값, 비용 ② (무엇을 하는 데 드는) 노력, 희생, 손실
* **keep going** 계속 유지하다
* **by the way** 그런데(화제를 바꿀 때), 그건 그렇고
* **hard** [hɑːrd 할ㄷ] ① 단단한, 굳은, 딱딱한 ↔ soft ② 어려운 ↔ easy

Part 2 오늘의 소리튜닝 Today's Vocal Tuning

소리튜닝 Day34

① It's **all** about **dreams**, you know,
   d d **D**   d   **D**   d   d

② by the **way**, **dreams cost no**thing.
   d d **D**   **D**   **D'**   **D**

③ They are **free**.
   d   d   **D**

④ The **hard part** is just **kee**ping them **go**ing.
   d   **D**   **D'** d d   **D**   d   **D**

⑤ And **please**, **keep** them **go**ing.
   d   **D**   **D**   d   **D**

Main Sentence

dreams cost nothing.
  D   **D'**   **D**

'영원한 록키' 실베스타 스탤론이 꿈에 대해서 이야기합니다.
"크게 꿈을 꾸세요. 꿈은 돈이 들지 않아요!"

Dreams / cost / **no**thing(D D' D). 이 문장은 모두 내용어로 이루어져 있습니다. 만약 연설에서 울림을 주기 위해서라면 따로따로 모두 소리를 내도 됩니다.

그런데 이어주고 싶으면 내용어 사이에서 힘 조절을 해야 합니다. 내용어에 힘이 들어가지 않는다고 해서 기능어처럼 뭉개지는 않습니다. 실베스타 스탤론은 **dream**과 **no**thing에서 뱉어줬습니다.

① It's **all** about **dreams**, you know,
   d d D   d   D   d   d

It's **all** about(d d D d). 여기서 **all**은 '올' 아닙니다. dark l 소리입니다. dark l은 혀의 안쪽을 뒤로 당겨주는 느낌이죠. 그래서 **'얼'** 하는 느낌으로 말합니다.

all에 훅 던지고, 들어오는 소리에 about 뭉개주고, 다시 **dreams**에서 훅! 던집니다.

소리규칙   **dr**

drive. dry. dream. 이런 단어들은 다들 dr로 시작합니다. d소리 했다가 재빨리 r 소리를 취해주면 되는데 생각보다 재빨리 하기가 좀 불편하겠죠. 그래서 jr 소리로 많이 내주는 편입니다.

ex) drive [드라이브] → [쥬라이브]
     dry [드라이] → [쥬라이]
     dream [드림] → [쥬림]

It's **all** about **dreams**. **all**에 엄청나게 힘을 줄 수도, 적게 줄 수도 있습니다. 보통 **all**은 '모든' 이라는 뜻이므로 가장 힘이 들어가는 편입니다.

TIP   **It's all about**

직역하면 '그것은 ~에 관한 모든 것이다.'입니다. 의미는 '어떤 상황에서 누군가가 또는 뭔가가 중요하다.'입니다. who or what is important at the situation. about 다음에 동사 + ing 처리를 해주시면 문장으로도 쓰일 수 있습니다.

ex) It's all about money. 가장 중요한 건 돈이야.
     It's all about family. 가장 중요한 건 가족이야.

---

you know. filler입니다. 생각의 버퍼링이기 때문에 힘을 주지 않습니다. 기능어처럼 처리합니다. dreams에서 훅 나가고 들어오는 소리에 you know 처리해줍니다.

② by the **way**, **dreams cost no**thing.
　d　d　**D**　　　**D**　　　**D'**　　**D**

by the way(d d D). 내용어가 way죠. 내용어는 길게, 세고, 정확하게 해줍니다.
dreams cost **no**thing. 이건 대표문장입니다.

> **음소단위**　w
>
> w의 입모양은 아이에게 뽀뽀해준다는 느낌입니다. 그래서 입을 '우' 하셔야 돼요. 그런 다음에 입에 진동이 느껴져야 해요. 입에 진동은 배에 힘이 많이 들어갈수록 진동도 크게 느껴집니다. w 소리는 힘을 줘야 합니다.

③ They are **free**.
　d　　d　　**D**

They are. 기능어. d d 리듬입니다. th[ð]에 강세가 없을 때는 혀가 이빨 사이까지 오지 않아도 됩니다. 그냥 윗니 뒷부분 정도 닿고 끝내도 됩니다.
They are **free**(d d D). **free**만 내용어입니다. **f**는 윗니가 아랫입술에 대고 터지듯이 무성음으로 소리를 내줍니다. 세 단어이지만 마치 긴 한 단어인 것처럼 이어서 소리 냅니다.

④ The **hard part** is just **kee**ping them **go**ing.
　d　　**D**　　**D'**　d　d　　**D**　　　d　　**D**

The **hard** part is just에서 내용어는 **hard**와 part입니다.
연달아 있으니 둘 다 힘 줘서 나가면 끊어지죠. 두 단어 중에 화자가 더 강조하고 싶은 단어에 던져줍니다.
영상에서는 **hard**에 소리를 훅 뱉고 들어오는 소리에 part와 is에 이어 just까지 연결해줍니다.

keeping them **go**ing(D d D). **kee**ping에서 p는 강세가 들어가지 않는 p소

리이므로 미국식 영어의 소리규칙에 따라 된소리가 나옵니다. 그래서 '키핑'보다 '키삥'이라는 느낌으로 소리 냅니다.

them은 거의 항상 기능어이기 때문에 them이라고 소리가 거의 나지 않고 빠르게 처리하기 위해서 'em' 정도밖에 소리가 나지 않습니다.

그리고 바로 go**ing**의 강세 **go**에서 훅 뱉어줍니다. 그러면 소리가 끊어지지 않고 피스톤처럼 계속 왔다 갔다 하게 됩니다.

The **hard** part is just **kee**ping them **go**ing.

⑤ And **please**, **keep** them **go**ing.
　　 d　　　D　　　　D　　 d　　　D

And **please**. and는 강세가 없을 때 보통 '은' 정도밖에 소리가 나지 않습니다. '플리즈' 아니고, 훅 하고 던지는 느낌이에요. 발음 기호를 보면 [pliːz] ea소리는 장모음 i입니다. 길게 소리 내주고 s는 z 소리가 나기 때문에 **'플리～즈'** 이렇게 소리 냅니다.

keep them **go**ing. 이 문장도 '**kee**pem **go**ing' 이렇게 소리를 냅니다.

자, 이제 소리튜닝 반복훈련을 시작해볼까요?

To make small steps toward big goals is progress.
큰 목표를 향해 작은 걸음을 내딛는 것은 진전이다.

Part 3   소리 반복훈련

 MP3 파일 듣기

① It's **all** about **dreams**, you know,
② by the **way**, **dreams cost no**thing.
③ They are **free**.
④ The **hard part** is just **kee**ping them **go**ing.
⑤ And **please**, **keep** them **go**ing.

> **TIP** 완전히 외울 때까지 발음하면서 Writing도 반복하세요!

훈련 체크 ☐☐☐☐☐☐☐☐☐☐

Part 4   한-영 훈련

① 꿈이 가장 중요합니다.
② 그런데, 꿈꾸는 데는 돈이 들지 않습니다.
③ 꿈은 공짜입니다.
④ 가장 어려운 부분은 꿈들을 지속해나가는 것입니다.
⑤ 그러니 제발 꿈을 계속 지속하세요!

> **TIP** 소리튜닝 배운 대로 하루 동안 틈나는 대로 무한 반복해서 외우세요! 한글을 보면서 영어문장이 자동적으로 떠오를 때까지.

훈련 체크 ☐☐☐☐☐☐☐☐☐☐

Part 5 표현 저널 쓰기 Expression journal

it's all about ~

~가 가장 중요하다
who or what is important in a situation

1. I was talking about me. It's always about me.
   (내 얘기 하고 있는 거야. 내가 제일 중요해!)
2. It's all about money.
   (돈이 가장 중요하지.)
3. No one is too busy in this world.
   It's all about priorities.
   (이 세상에 너무 바쁜 사람은 없다. 가장 중요한 것은 우선순위이다.)
4.

5.

Day 35 대표문장 — Who is the messiest?
누가 제일 지저분해요?

2017년 5월 27일, 방탄소년단이 미국 엔터테인먼트 뉴스 채널 'Clevver News'와 인터뷰를 진행했습니다. 인터뷰의 한 장면입니다.

Part 1   오늘의 예습 Today's Preview

① Who is the messiest on tour?
② Is he saying it's you?
③ I think so.
④ I don't think so.
⑤ You don't think so?

① 투어 중에 누가 제일 지저분해요?
② 그가 당신이라고 말하고 있는데요?
③ 저도 그렇게 생각해요.
④ 저는 그렇게 생각하지 않아요.
⑤ 그렇게 생각하지 않아요?

단어와 표현

* **messy** ['mesi 음**메**시]
  ① 지저분한, 엉망인 ② 지저분하게 만드는 ③ (상황이) 골치 아픈
* **messiest** ['mesi·est 음**메**시에스트]   가장 지저분한 – messy의 최상급
* **tour** [tuər **투**얼]
  ① (여러 도시, 국가 등을 방문하는) 여행 ② (걸어서 둘러보는) 관광 ③ 순회, 순방

Part 2 오늘의 소리튜닝 Today's Vocal Tuning

① **Who** is the **me**ssiest on **tour**?
　D' 　d 　d 　　D 　　d 　D

② Is he **say**ing it's **you**?
　d 　d 　　D 　　d d 　d

③ I **think so**.
　d 　D' 　D

④ I **don't think** so.
　d 　D' 　　D 　D'

⑤ You **don't think** so?
　d 　　D' 　　D 　D'

Main Sentence

Who is the **me**ssiest on **tour**?
　D' 　d 　d 　　D 　　d 　D

<u>Who is the</u>(D' d d). Who는 의문사이므로 내용어입니다. w는 묵음이에요. h 소리만 나옵니다. 소리가 어떻게 되죠? 그냥 '후'가 아니라 h 소리의 뱉는 느낌이 있어야 합니다. who에 훅 뱉고 들어오는 소리에 is the 를 이어서 처리해줍니다.

<u>**me**ssiest</u>. messy의 최상급입니다.
이 단어에서 주의할 점은 **me**ssi-est 이렇게 음절이 나뉘어져서 '메시스트'라고 소리 내지 않고 '메시에스트' 라고 소리 낸다는 것입니다.

on **tour**(d D). on은 기능어이므로 '언' 정도로 힘 빼고 **tour**에서 훅 뱉어줍니다.

who, **me**ssiest, **tour** 내용어들 사이 중요한 단어 순위를 매겨줍니다. 표현하고 싶은 뉘앙스에 따라 순위는 다릅니다.
Who is the **me**ssiest on **tour**?

> **음소단위** m
>
> m의 음소단위는 가장 쉽게 설명하면 입을 다무는 겁니다. 영어에서 보통의 소리는 몸통에서 복식으로 나옵니다. 그런데 예외적으로 소리가 위로 빠지는 세 가지 소리가 바로 m, n, ng입니다. 기본적으로 콧소리, 비음이라고 합니다. 소리가 코로 빠진다는 느낌이에요. 손을 콧볼에 대고 핸드폰의 진동소리를 흉내 낸다고 생각하고, 콧볼이 울리도록 해봅시다. 울리죠? 비음소리가 나고 있다는 겁니다. 이 상태에서 m은 그냥 입 다물고 '앙' 하고 있는 상태에서 '으음' 발음을 낸다고 생각하시면 좋습니다. 한국어의 '음'이 아니라 입에 약간 힘이 들어가서 콧망울이 울리는 느낌으로 '으응' 하시는 겁니다. 처음에는 누르고 하다가, 그 다음에 알아서 나올 수 있도록 연습합니다.

② Is he **say**ing it's **you**?
    d d   D   d d d

가장 지저분한 사람이 누구냐는 사회자의 질문에 RM을 가리켰습니다.

Is he **say**ing(d d D). s 소리 새주면서 **say**ing할 때 훅 뱉어줍니다. 잘 새주기 위해 혀끝을 아랫니 뒤쪽 잇몸쯤에 내려놓으세요.
Is he **say**ing it's **you**? 원래 **you**도 기능어지만, "걔가 지금 '너'라고 얘기하는 거야?"라고 확 강조하는 부분이므로 **you**에 힘을 줬습니다.
y 발음 제대로 해서 혀끝은 아랫니 뒤쪽에 대고 혀끝에 힘을 팍 주면서 '이' 했다가 소리를 내줍니다. **you**는 '유' 아니라 '이유'입니다.

③ I **think so**.
　d　D'　D

think와 **so**는 둘 다 내용어입니다. 어디에 힘을 더 줄지 결정합니다. th 소리 제대로 해서 혀가 반드시 윗니 아랫니 사이로 살짝 나오게 해주세요. 'sink'라고 발음하지 않도록 유의합니다.

I think **so**. 여기서는 **so**에 힘이 더 들어갔네요.

④ I **don't think so**.
　d　D'　D　D'

I don't **think** so. 어디에 힘 줄지는 정하면 됩니다. I 빼고 다 내용어이지만 다 훅 나갈 수가 없습니다. 이 문장에서는 **think**에 훅 나가고 다른 내용어들은 이어줬습니다.

⑤ You **don't think so**?
　d　D'　D　D'

그랬더니 RM이 반가운 마음으로 반문합니다. '너는 그렇게 생각하지 않아?'

You don't에서 you는 기능어, don't는 내용어. d D. don't **think**는 t 다음에 자음 th가 오니까 역시 'don't' 하고 살짝 호흡 끊어줍니다.

자, 이제 소리튜닝 반복훈련을 시작해볼까요?

Part 3 소리 반복훈련

🎧 MP3 파일 듣기

① **Who** is the **me**ssiest on **tour**?
② Is he **say**ing it's **you**?
③ I **think so**.
④ I **don't think so**.
⑤ You **don't think so**?

> **TIP** 완전히 외울 때까지 발음하면서 Writing도 반복하세요!

훈련 체크 ☐☐☐☐☐☐☐☐☐☐

Part 4 한-영 훈련

① 투어 중에 누가 제일 지저분해요?
② 그가 당신이라고 말하고 있는데요?
③ 저도 그렇게 생각해요.
④ 저는 그렇게 생각하지 않아요.
⑤ 그렇게 생각하지 않아요?

> **TIP** 소리튜닝 배운 대로 하루 동안 틈나는 대로 무한 반복해서 외우세요! 한글을 보면서 영어문장이 자동적으로 떠오를 때까지.

훈련 체크 ☐☐☐☐☐☐☐☐☐☐

Part 5 표현 저널 쓰기 Expression journal

messy

지저분한, 엉망인 (untidy or dirty)
(상황이) 골치 아픈 (complicated, difficult and unpleasant)

1. Your hair is very messy.
   (네 머리가 지저분해.)
2. His house is very messy.
   (그의 집은 매우 지저분해.)
3. Why do people keep their house messy?
   (왜 사람들은 집을 지저분하게 하고 살까?)
4. Love is always messy.
   (사랑은 항상 골치 아프다.)
5.

| Review | **5주차 한영 훈련 중첩 복습** |

35일차까지, 1단계를 모두 끝내셨습니다. 수고 많으셨습니다! 반복 연습 계속해오셨나요?
우선, 이번 주 29강~35강을 복습해봅시다! 그리고 5주 전 과정 중첩 복습을 반드시 하셔서 귀가 뚫리고 영어로 말을 하게 되는 기적을 체험하세요!

DAY 29

① 그렇게 하기 위해서는 안전지대를 벗어나야 하고
② 위험을 감수해야 합니다.
③ 문제는, 우리가 나이가 들면서,
④ 거의 그렇게 하지 않는다는 것입니다.

DAY 30

① 사람들은 일요일에 전 세계로 자신들의 목소리를 냈습니다.
② 그리고 이 추진력은 멈추지 않을 것입니다.
③ 그러나 이제 여러분들 차례입니다.
④ 인류 역사상 가장 큰 문제에 답해야 하는 시점은 지금입니다.

DAY 31

① 한마디로,
  우리가 아이언맨을 만들고 있다는 것을 알리고자 이 자리에 섰습니다.
② 저는 곧 날아갈 거예요.

③ 이건 오랫동안 우리가 진행해온 기밀 프로젝트였어요.
④ 설마. 뭐 그럴 수도 있고요.

DAY 32

① 농담이죠?
② 말해주세요… 그들이 뭘 했어요?
③ 무슨 이유에서인지, 제가 한국에서 정말 유명해요.
④ 한국에서 제가 정말 대단하다, 라고 할 수 있어요.

DAY 33

① 연속적으로 세 번째 실패하셨잖아요.
② 그만둬야겠다고 생각하지 않았나요?
③ 절대요.
④ 왜죠?
⑤ 나는 절대 포기하지 않아요.

DAY 34

① 꿈이 가장 중요합니다.
② 그런데, 꿈꾸는 것에는 돈이 들지 않습니다.
③ 꿈은 공짜입니다.
④ 가장 어려운 부분은 꿈들을 지속해나가는 것입니다.
⑤ 그러니 제발 꿈을 계속 지속하세요!

DAY 35

① 투어 중에 누가 제일 지저분해요?
② 그가 당신이라고 말하고 있는데요?
③ 저도 그렇게 생각해요.
④ 저는 그렇게 생각하지 않아요.
⑤ 그렇게 생각하지 않아요?

Special Class
갓주아의 5주차 소리튜닝 특강
– 영어로 길게 술술 말하는 방법은?

영어를 잘 하려면 의미단위 블록!

"영어로 된 문장을 길게 생각해서 말하기가 너무 어려워요! 일단 말할 때 숨도 차지만 어떻게 길게 말해야 할지 도무지 모르겠어요! 뭐 좋은 방법이 없나요?"

영어는 의미단위 블록을 원하는 대로 쌓고 붙여서 완성하는 언어입니다. 의미단위란 생각의 단위입니다. 영어로는 a thought group입니다. 이 블록을 높이, 길게 이어붙이면 길게 말할 수 있습니다. 중요한 건 단어를 기억하는 게 아니라 의미단위 블록을 기억하는 것입니다. 의미단위를 다양하게 기억해두시면 나중에 하나의 블록처럼 바꿔서 끼워 사용할 수 있습니다. 의미단위 블록을 많이 만들어놓으면 나중에 영어 표현이 블록 놀이하는 느낌으로 다가옵니다. 이번에는 여기에 끼웠다가, 다음에는 저기에 끼웠다가 하는 느낌이지요. 긴 문장을 말할 때도 의미단위 블록으로 연습하면 됩니다. 그렇게 하다 편해지면 의미단위 블록들을 이어주면 긴 문장도 훨씬 쉽고 편하게 말할 수 있습니다.

예를 들어봅시다. I can't even concentrate on what you're saying. 오늘 이 문장을 배웠다면, 여기에서 의미단위 블록이 뭐가 될 수 있을까요?

I can't even concentrate on / what you're saying.

그러면 의미단위 블록을 끼워봅시다.

I don't understand / what you're saying.
I don't know / what you're saying.

여기에서 더 나아가 더 큰 단위 블록을 만들 수도 있습니다.

누가 여러분한테 영어로 '가장 좋아하는 로맨틱 코미디가 뭐야?' 라고 물었을 때 답변이 딱 생각나세요? 쉽게 나지 않습니다. 어떻게 조리 있게 얘기해야 될지 생각이 잘 나지 않습니다. 영어가 한 번에 쉽게 안 나오는 데는 여러 이유가 있습니다. 그중에 첫 번째는 생각을 하지 않아서입니다. 그러니 생각을 해보는 연습을 하시는 것이 좋습니다. 두 번째는 용어를 몰라서입니다. 어떤 용어나 표현, 영화를 나타내는 표현들을 잘 모르거나 부족할 수 있습니다.
그러니 주제에 맞춰서 5문장이고 10문장이고 여러분의 이야기를 만들어 놓는 것이 영어실력을 향상하는 아주 좋은 습관 중의 하나입니다. 그렇게 쌓이고 쌓이다 보면 여러분이 좋아하는 말을 영어로 하는, 게다가 자신이 원하는 만큼 길게 말할 수 있는 그런 능력이 생깁니다.

처음에는 우선 주요한 말을 짧게 말하는 연습을 하세요. 그렇게 의미단위 블록을 쌓는 연습을 하는 겁니다. 그런 훈련이 익숙해지면 어울리는 블록들을 하나씩 붙여주는 거죠. 새로운 문장을 보면 다른 의미단위 블록으로 바꿔치기 하는 연습을 해보는 겁니다.

영어에 눈을 뜨는 기적의 5주 중첩 실행노트

매주 중첩 복습을 할 때마다 세 영역(쉐도잉 속도, 힘·리듬 조절, 한–영 훈련 숙련도)의 훈련 실행 정도를 스스로 체크해보세요. 얼마다 숙달되었는지, 더 필요한 연습은 무엇인지 등 꼼꼼하게 평가해봅시다.

ex)

Week 1	영역별 훈련 평가		
Date	쉐도잉 속도	힘·리듬 조절	한–영 훈련
3/4	Day 6 연습 필요	기능어–내용어 구분하자	매일 무한 반복하기
3/11	전체적으로 빨라짐	동작 꼭! 신경쓰자	My day is made 암기
3/18	원본 영상과 동시에 말하기 성공	Day 5 리듬 연습	Day 1~3 자기 전에 한번 더 보기
3/25	Day 4 다시 복습	엠마 왓슨에 빙의하자!	확실히 빠르게 영어가 나온다
4/1	MP3로 무한 반복하기	의미단위 끊어서 연습!	Day 5 연습 필요

Week 1	영역별 훈련 평가		
Date	쉐도잉 속도	힘·리듬 조절	한–영 훈련
/			
/			
/			
/			
/			

중점 훈련 확인 사항

- 복습할수록 입에서 영어 나오는 속도가 빨라졌는가?
- 농구공 튀기듯 힘 조절하며 발음하고 있는가?
- 한-영 훈련 단계에서도 리듬을 살려 훈련했는가?
- 쓰기는 꾸준히 실천하고 있는가?

Week 2	영역별 훈련 평가		
Date	쉐도잉 속도	힘 · 리듬 조절	한-영 훈련
/			
/			
/			
/			
/			

Week 3	영역별 훈련 평가		
Date	쉐도잉 속도	힘 · 리듬 조절	한-영 훈련
/			
/			
/			
/			
/			

Week 4	영역별 훈련 평가		
Date	쉐도잉 속도	힘 · 리듬 조절	한-영 훈련
/			
/			
/			
/			
/			

Week 5	영역별 훈련 평가		
Date	쉐도잉 속도	힘 · 리듬 조절	한-영 훈련
/			
/			
/			
/			
/			

CERTIFICATE OF COMPLETION

This certification is awarded to

In recognition of successfully completing the following training program:

The 100 day Project of English Vocal Tuning
Stage 1 – Miracle of 5 Weeks

장주아

Date

MEMO